Autor _ P. B. Shelley
Título _ Ode ao Vento Oeste
e outros poemas

Copyright _	Hedra 2009
Tradução® _	Espólio de Péricles Eugênio da Silva Ramos
Primeira edição _	Coleção Toda Poesia, Art Editora, 1989.
Agradecimento _	Clóvis F. da Silva Ramos e Iumna Maria Simon
Corpo editorial _	Adriano Scatolin, Alexandre B. de Souza, Bruno Costa, Caio Gagliardi, Fábio Mantegari, Iuri Pereira, Jorge Sallum, Oliver Tolle, Ricardo Musse, Ricardo Valle

Dados _

Dados Internacionais de Catalogação na Publicação (CIP)

S549 Shelley, P. B. (1792–1822)

Ode ao Vento Oeste e outros poemas. / P. B.
Shelley. 2ª Edição. Organização e tradução de
Espólio de Péricles Eugênio da Silva Ramos. –
São Paulo: Hedra, 2009. 180 p.

ISBN 978-85-7715-136-3

1. Literatura Inglesa. 2. Poesia. 3. Inglaterra.
I. Título. II. Shelley, Percy Bysshe (1972–1822).
III. Ramos, Péricles Eugênio da Silva (1919–1992),
Tradutor. IV. Ramos, Péricles Eugênio da Silva,
(1919–1992), Organizador.

CDU 820
CDD 823

Elaborado por Wanda Lucia Schmidt CRB-8-1922

Direitos reservados em língua
portuguesa somente para o Brasil

EDITORA HEDRA LTDA.

Endereço _	R. Fradique Coutinho, 1139 (subsolo) 05416-011 São Paulo SP Brasil
Telefone/Fax _	+55 11 3097 8304
E-mail _	editora@hedra.com.br
Site _	www.hedra.com.br
	Foi feito o depósito legal.

Autor _ P. B. SHELLEY
Título _ ODE AO VENTO OESTE
E OUTROS POEMAS
Organização e tradução _ PÉRICLES EUGÊNIO
DA SILVA RAMOS
São Paulo _ 2011

Percy Bysshe Shelley (Field Place, Horsham, 1792–golfo de La
Spezia 1822), poeta inglês marcado pelo romantismo, membro
da velha nobreza, teve uma vida breve e conturbada, plena de
idealismo e ações intempestivas. Inovou na poesia ao empregar
uma sucessão de imagens rápidas e ao mesmo tempo vagas e
ilusórias, como a névoa, o rio ou o tempo, precisando também
fenômenos naturais de forma clara e científica, como em "Ode
ao Vento Oeste" (1819). Seus poemas traduzem a tensão entre a
paixão e a razão, entre a permanência da natureza e a fluidez da
vida, como símile da ideia, de influência platônica, de que há
uma ordem eterna na Beleza, no Amor e na Justiça, que os
homens sentem mas não são capazes de descrever ("Hino à
Beleza Intelectual", 1816). Shelley ficou conhecido também por
manter total repulsa a qualquer forma de despotismo, e assim
como William Blake, interpretava a universalidade da religião,
dos sistemas políticos e dos códigos morais como potências
tirânicas e medíocres. Aos 18 anos, é aceito em Oxford, onde se
dedica à poesia, química, filosofia e estudos clássicos, mas é
expulso por publicar o panfleto *The Necessity of Atheism* (1811).
Aos 19 anos, casa-se com Harriet Westbrook, amor precoce, que
termina tragicamente, com o suicídio de Harriet após a partida
de Shelley com Mary, filha do filósofo utilitarista William
Godwin, que se tornou conhecida como autora de *Frankenstein*.
Desde 1816 torna-se amigo e admirador de Byron, que ainda
não era um poeta reconhecido e a partir de 1818 se instala
definitivamente na Itália, onde escreve suas obras mais célebres:
o poema "A uma cotovia" (1820), o drama lírico *Hellas* (1821), a
peça *Prometeu libertado* (1820) e o poema elegíaco por ocasião
da morte de John Keats. Morre em um naufrágio na costa
italiana e suas cinzas são enterradas em Roma.

Ode ao Vento Oeste e outros poemas reúne uma mostra
expressiva do trabalho poético de Shelley. Além de poemas e
excertos das obras citadas acima, foram incluídos trechos de
"Epipsychidion", poema sobre o amor platônico, "A vitória da
Vida", o soneto "Ozimândias", e textos menos conhecidos, como
"Os que vagueiam pelo mundo", entre outros, publicados
originalmente em diversas antologias estabelecidas pelo autor.

Péricles Eugênio da Silva Ramos (Lorena, 1919-São Paulo, 1992) foi poeta, tradutor, crítico literário, antologista e filólogo. Iniciou carreira como redator do *Jornal da Manhã* em 1941. Por *Lamentação floral*, seu primeiro livro de poesia, é agraciado com o Prêmio Fábio Prado em 1946. Passa a colaborar com o Suplemento Literário de *O Estado de São Paulo* a partir de 1964, firmando-se como um dos mais importantes críticos do país. Idealizou e foi um dos fundadores do Museu de Arte Sacra, do Museu da Casa Brasileira e do Museu da Imagem e do Som. Figura de proa da Geração de 45 em São Paulo, concebeu e realizou uma das mais vastas antologias de poesia brasileira, publicadas ao longo da década de 1960 pela Melhoramentos: *Poesia barroca, Poesia do ouro, Poesia romântica, Poesia parnasiana, Poesia simbolista e Poesia moderna*, além de ter organizado as *Poesias completas de Álvares de Azevedo* (Saraiva, 1957). Profundo conhecedor do grego clássico e do latim, além do inglês, francês e alemão, traduziu obras de Shakespeare, Virgílio, Melville, Brecht, Whitman, afora suas clássicas traduções de Yeats, Keats, Góngora, Byron e Villon, que a Editora Hedra vem publicando. Sua tradução de *Hamlet* é considerada a mais fiel e bem realizada em língua portuguesa, tendo recebido menção honrosa da Royal Shakespearean Society.

SUMÁRIO

Introdução, por Péricles Eugênio da Silva Ramos — 9

ODE AO VENTO OESTE E OUTROS POEMAS — **33**

Prometeus unbound: act II — scene I — 34
Prometeu libertado: ato II — cena I — 35
Hellas: final chorus — 36
Hellas: coro final — 37
Ozymandias — 40
Ozimândias — 41
Ode to the West Wind — 42
Ode ao Vento Oeste — 43
Time — 48
Tempo — 49
Hymn of Pan — 50
Hino de Pã — 51
The question — 54
A pergunta — 55
Tue world's wanderers — 58
Os que vagueiam no mundo — 59
Hymn of Apollo — 60
Hino de Apolo — 61
A dirge — 64
Nênia — 65
The triumph of Life — 66
A vitória da Vida — 67
To night — 70
À noite — 71
Liberty — 74
Liberdade — 75
Hymn to Intellectual Beauty — 76
Hino à Beleza Intelectual — 77
Hellas: chorus — 84
Hellas: coro — 85
Stanzas written in dejection, near Naples — 88
Estâncias escritas perto de Nápoles, em depressão — 89
Wine of the Fairies — 92
Vinho das Fadas — 93

To a skylark	94
A uma cotovia	95
Lines written in the Bay of Lerici	104
Versos escritos na Baía de Lerici	105
Epipsychidion	108
Epipsychidion	109
Adonais: an elegy on the death of John Keats	120
Adonais: elegia pela morte de John Keats	121

INTRODUÇÃO

EMBORA O RAMO da família a que pertencia Shelley fosse o novo, remonta essa família, com certeza, a Sir Thomas, 1205, que foi embaixador na Espanha; e, se se quiser mais, há a tradição de que os Shelleys chegaram à Inglaterra com o conquistador normando.

O avô do poeta, Bysshe Shelley, nasceu em New Jersey em 1731 e construiu uma grande fortuna. Casado com Mary Cathenne Micheli, dela teve dois filhos e uma filha; consorciado pela segunda vez, agora com Elizabeth Jane Sidney Perry, esse enlace frutificou em numerosos rebentos. Aos 75 anos, em 1806, foi feito baronete por serviços políticos prestados aos Whigs.

Timothy, o pai do poeta, era filho do primeiro casamento. Em 1774, com 21 anos, foi para Oxford e obteve os graus de bacharel em artes e mestre em artes, este em 1781. A política tomou muito do tempo de Bysshe e de Timothy. Os Shelleys também gozaram da confiança e da companhia de Charles Howard, duque de Norfolk, vizinho deles em Sussex. Timothy casou-se com Elizabeth Pilford (1791) e fixou residência em Field Place, Warnham. Lá nasceu, em 4 de agosto de 1792, o primogênito, Percy Bisshe, o futuro poeta. O avô morreu em 1815, e Timothy, membro do Parlamento, herdou o título do pai.

Field Place, onde Percy passou a infância, era pelo menos no verão um lugar encantador, ficando a casa em parque com grandes árvores, um ribeiro e um lago, finos jardins e pomares. No "jardim americano" havia rodo-

INTRODUÇÃO

dendros, pinheiros de vários tipos, cedros, faias, bétulas. Toda a propriedade — assinala Edmund Biunden — era tal que podia encher os dias do menino com atraentes aventuras. "Belos ou selvagens, secretos ou cheios de sol, essas clareiras e arvoredos e córregos tinham muito a oferecer a uma criança sensível, fornecendo-lhe imagens para suas concepções posteriores." Havia muitos pássaros, borboletas e mariposas, e até uma águia dourada apareceu na infância de Percy, em Horsham, onde foi abatida e tornou-se notícia de jornal.

Em Field Place, que fica a duas milhas de Horsham e a quarenta de Londres, Percy teve a companhia de seus irmãos: Elizabeth, Mary, Hellen (que morreu na infância), outra Hellen, Margaret e John, este nascido em 1866. De Margaret e Hellen, que viveram solteiras até a velhice, foram preservadas memórias e cartas sobre sua meninice e sobre o irmão mais velho. Percy era de beleza notável e natureza encantadora. O pai deu-lhe educação rigorosa. Aos seis anos o menino ia aprender latim, diariamente, com o cura de Warnham, um galês chamado Evan Edwards. Não faltava nunca, e em seus dias de folga o pai lia com ele os "clássicos e outros livros, com a expectativa de fazê-lo um bom e bem educado erudito". Timothy estava preparando o filho, escreve Blunden, não apenas para traduzir Platão ou ser um autor consumado, mas para brilhar na vida pública e social, onde a oratória bem ornada, a elegância de expressão pronta para todas as ocasiões, e uma referência ao exemplo e sabedoria antigos nos assuntos de reinos e estados eram um requisito contemporâneo. O primeiro Pitt, acentua o biógrafo, podia intimidar o Parlamento com uma simples citação latina. Percy também estava sendo preparado para ser um fazendeiro capaz (nos papéis de casamento, aliás, ele

PÉRICLES EUGÊNIO DA SILVA RAMOS

se diria "fazendeiro"). A esse tempo, girando pelas cercanias, auxiliava os necessitados, com dinheiro seu ou tomado de emprestimo.

Percy era popular entre os irmãos principalmente por lhes contar histórias do reino das maravilhas e por povoar de criaturas fantásticas os arredores de Field Place e o próprio local. Sua primeira composição em inglês, sobre "um gato em apuros" data dessa época. Consta mesmo que imprimiu alguma coisa em Horsham a expensas do avô mas a obra desapareceu, assim como uma peça que fez com Hellen.

Percy foi enviado a uma escola particular, a Sion House Academy, em Brentford, precedido por seu primo Thomas Medwin. A escola era dirigida por um escocês, o Dr. Greenlaw, e nela se ensinavam latim, grego, francês, composição, aritmética, geografia, elementos de astronomia. Recebido como calouro, Percy reagiu com escárnio e solidão. Lia muito novelas de terror, e nessa ocasião, também, foi que intuiu a *awful Loveliness*, a "terrível Beleza", e começou a batalhar contra o despotismo, dentro e fora dele. Queria ser, como escreveu, "sábio, e justo, e livre, e indulgente", contra a tirania dos egoístas e dos fortes.

Em 29 de julho de 1804 Percy ingressou em Eton, escola secular na vizinhança do castelo de Windsor e do Tâmisa, onde se fez *fag*, uma espécie de calouro *factotum*, de um futuro juiz no Ceilão, atual Sri Lanka. O reitor era o Dr. Goodall, que foi substituído em 1809 por John Keate. Esse homenzinho autoritário foi para Shelley um professor de clássicos, e distinguiu no rapazelho a faculdade de metrificar em latim, aplicando-lhe o verso de Ovídio: *Et quod tentabam dicere versus erat* (E o que eu tentava dizer saía em verso). Shelley tinha uma máquina elétrica

INTRODUÇÃO

e divertia os colegas com ela, pois entusiasmara-se com os princípios gerais da eletricidade, tais como estabelecidos por Franklin. Adam Walker ensinava aos alunos as maravilhas da natureza e da ciência.

Shelley, diz-se, não concordava com o sistema imposto aos *fags* e a ele resistiu. Conheciam-no na escola, onde estudou de Horácio e Virgílio a Homero, como "Shelley, o louco", ou "Shelley, o ateu". O primeiro romance de Percy, *Zastrozzi* (1810), influenciado pela "escola do terror", foi publicado pouco antes de deixar Eton, seguindo-se *Original Poetry by Victor and Cazire*, também de 1810, que escreveu de parceria com sua irmã Elizabeth, e em 1811 publicou outro romance da mesma tendência, *St. Irvyne or the Rosecrucian*, tudo isso obra imatura.

Shelley registrou-se em abril de 1810 no University College, Oxford, regressou a Eton e começou a residência em Oxford no mês de outubro. Lá se fez amigo de outro estudante, Thomas Jefferson Hogg, tendo essa amizade subsistido por longos anos. Tinha Shelley queda por experiências de química, poesia, filosofia e estudos clássicos e publicou logo em Oxford os versos de *Posthumous Fragments of Margaret Nicholson* (1810). Hogg e Shelley eram céticos em matéria de religião, derivando para o ateísmo. Em 1811 Shelley publicou anonimamente um panfleto, *The Necessity of Atheism*, que enviou aos bispos e outras personalidades com um convite para discussão. Intimado pelas autoridades escolares a dizer se o folheto era ou não dele, Shelley calou-se, razão por que foi expulso de Oxford, junto com Hogg.

Shelley e Hogg ganharam Londres, onde o poeta logo ficou sozinho, pois Hogg foi preparar-se para o notariado em York. Como não chegou a acordo com o pai,

PÉRICLES EUGÊNIO DA SILVA RAMOS

Shelley por certo tempo teve de socorrer-se de pequenas quantias fornecidas pelas irmãs, sendo às vezes portadora uma formosa colega delas, Harriet Westbrook, filha de um taverneiro aposentado e mais ou menos rico. Cismou o poeta de converter a moça, que era metodista, às suas próprias convicções. Shelley poucos meses antes, em Field Place, cortejara sua prima Harriet Grove, mas esta se alarmou com as posições anticonservadoras do poeta e veio a casar-se logo com outrem. Mais tarde, estando Shelley em Gales (reconciliara-se com o pai pouco antes), Harriet Westbrook escreveu-lhe chamando-o a Londres e queixando-se do pai, que queria reenviá-la para a escola onde ela era agora olhada com repulsa como discípula do ateu Shelley. Este aconselhou-a a resistir, mas a moça escreveu-lhe que a resistência era inútil, e propôs fugir com ele, sob cuja proteção se colocava. Shelley foi para Londres e dirigiu-se com Harriet para Edimburgo, onde com ela se casou segundo os ritos da Igreja escocesa (28 de agosto), embora, seguidor dos preceitos de Godwin, fosse teoricamente contra o casamento formal. Harriet era bem educada e apreciava ler, mas Shelley diria dela mais tarde que não era sensível à poesia e não alcançava a filosofia. Entre setembro de 1811 e fevereiro de 1813 o casal viveu em vários lugares — num dos quais Shelley conheceu Southey, que admirava como poeta épico — e passou por algumas vicissitudes, como a de o moço ter de brigar com Hogg por ter-lhe Harriet dito que o rapaz tentara seduzi-la. Shelley e Harnet estiveram na Irlanda onde o poeta era partidário da emancipação católica e até publicou panfletos estimulando os irlandeses. Depois disso domiciliaram-se em Gales, retornaram à Irlanda e afinal se estabeleceram por um pouco em Londres, onde Harriet, em junho de 1813, deu à luz uma filha, Ianthe Eliza

INTRODUÇÃO

(que quando moça se casaria com um certo Mr. Esdaile e viria a falecer em 1876). Shelley estampou, privadamente, seu *Queen Mab*, agressivo em matéria de religião e de moral. Tinha ele por essa ocasião 400 libras a mais de renda, metade dada por Timothy, metade concedida por Mr. Westbrook a Harriet.

Shelley começou a corresponder-se com William Godwin no inicio de 1812 e veio a conhecê-lo pessoalmente no fim do ano. Godwin fora casado em primeiras núpcias com Mary Wollstonecraft, autora de *The rights of Women*, que faleceu pouco depois de ter dado à luz uma menina, Mary, em 30 de agosto de 1797. Godwin consorciou-se pela segunda vez com Mrs. Clainnont. Vivia com eles Fanny, filha de Mary Wollstonecraft e Mr. Imlay, e Claire, filha de Mrs. Clairmont. Fanny se suicidaria em outubro de 1816, segundo parece levada a isso por seu amor sem futuro a Shelley, e Claire viria a ser amante de Byron.

Por volta de maio de 1814 Shelley conheceu Mary Godwin, que estava para fazer 17 anos, e apaixonaram-se um pelo outro. Sucederam-se meses de crise com Harriet, e afinal Shelley fugiu com Mary, acompanhada por Claire, em 28 de julho. Dirigiram-se para a Suíça, de onde regressaram a Londres em setembro do mesmo ano. Durante essa estada, convidou Hanniet a residir em sua vizinhança.

Em janeiro de 1815 Sir Bysshe Shelley morreu, e Shelley passou a ser o herdeiro imediato da propriedade gravada herdada por seu pai, e que dava de renda seis mil libras por ano. Mediante arranjos, Shelley passou a receber do pai mil libras anuais, das quais transferia duzentas a Harriet. Tinha esta dado à luz em novembro de 1814 um filho que faleceria de tuberculose, em 1826, Charles

Bysshe. Shelley e Mary entraram de residir em Bishopgate, perto da floresta de Windsor. Lá ele produziu seu primeiro poema considerável "Alastor, or the spirit of solitude", publicado em 1816 e que permanece distinto entre os poemas de Shelley, segundo Ed. Blunden, em paisagem e movimento. Um dos principais frequentadores de Bishopgate era Thomas Love Peacock, o escritor, que gostava de beber em casa de Shelley. Este ajudava Godwin financeiramente, e com largueza. Dado o isolamento social de Mary, Shelley resolveu partir para a Suíça, levando junto com Mary a irmã desta, Claire, e o filho William, que nascera em 24 de janeiro daquele ano de 1816. Deixaram Dover na primeira, semana de maio, hospedaram-se em Sécheron, perto de Genebra, no Hotel de l'Angleterre, com bela vista sobre o lago Léman, os Alpes e o sobranceiro Monte Branco. Uns dez dias depois, Byron chegou ao hotel (Claire o conhecia da Inglaterra, onde tivera um caso com ele). Shelley e Byron se fizeram companheiros e andavam de bote no lago, com paradas nas margens entre viticultores. Uma noite uma tempestade os colheu, sobre a qual Byron fez os versos: *How the lit lake shines, a phosphoric sea, / And the big rain comes dancing to the earth.* (Como o lago aceso brilha, mar fosfórico, / E a grande chuva chega dançando à terra.)

No fim de maio Shelley mudou-se para um chalé distante nas margens do lago, Champagne Chapuis ou Mont Allègre. Byron ia visitá-lo todas as noites, com o médico Polidori, de sua companhia, e mudou-se também para a Vila Diodati, separada de Mont Allègre por uma vinha. Os dois, à sombra de Rousseau, fizeram uma excursão pelo lago, com um criado e dois remeiros, sendo colhidos por um vendaval sem consequências (mas Shelley, ao contrário de Byron, não sabia nadar). Em julho

INTRODUÇÃO

Shelley fez outra excursão, com as senhoras, rumo ao Monte Branco. Numa cabana compôs o hexâmetro grego definindo-se como "filantropo, democrata e ateu".

Uma noite todos estavam lendo uma coleção de histórias alemãs sobre fantasmas, e Byron recitou um trecho do *Christabel* de Coleridge, ainda não impresso. Shelley sugestionou-se e afinal decidiu-se que cada um escreveria uma história de mistério. O resultado mais evidente foi o livro *Frankenstein*, de Mary, de um conto que a moça desenvolveu estimulada por Shelley. O autor favorito de Shelley, na ocasião, era Wordsworth, por ele recomendado a Byron. Diz Blunden que Shelley educou Byron como ninguém havia feito e induziu-o a conceber seus poemas como um profeta e adorador da natureza. Shelley e companhia deixaram o chalé em 29 de agosto e regressaram à Inglaterra. Mary, Claire, a ama suíça e o menino William foram para Bath (Claire estava grávida de Byron). Shelley ficou em Marlow com Peacock. Cuidou vantajosamente da publicação do novo manuscrito de *Childe Harold*, de *O prisioneiro de Chilion* e do *Manfredo* de Byron, e escreveu a este: "Sei apenas que seus poderes são assombrosamente grandes, e que devem ser exercitados até seu pleno alcance". Em setembro juntou-se a Mary em Bath. No ano seguinte, em 17 de janeiro, Claire deu à luz uma filha que recebeu o nome de Allegra, imposto por Byron (ela preferia Alba) e que faleceria criança ainda, num convento da Itália, onde Byron a internara.

A volta de Shelley foi seguida pelo suicídio de Fanny Wollstonecraft. De Bath Shelley foi para Londres, onde veio a saber da morte por afogamento de sua mulher Harriet (9 de novembro, sendo o corpo encontrado em 10 de dezembro). Se é a Harriet que se refere uma notícia

PÉRICLES EUGÊNIO DA SILVA RAMOS

publicada na ocasião, ela, quando do afogamento, estava grávida, e não do marido.

Shelley casou-se com Mary em 30 de dezembro e estabeleceu-se em Great Marlow, Buckinghamshire. Mr. Westbrook, baseado em que Shelley abandonara Harriet e iria criar os filhos em crenças ateísticas e antissociais, pleiteou a tutela de seus dois netos. A consequência foi que Shelley perdeu a guarda dos filhos, também não deferida a Mr. Westbrook, mas a um médico irlandês, o dr. Hume, apontado por Shelley e que receberia em pagamento a soma de 120 libras por ano (inicialmente duzentas, fala-se). Por morte de Shelley a menina Ianthe, em 1823, ficaria com a tia Eliza, e o menino com Timothy, até morrer precocemente, como já dissemos, em 1826.

Shelley submeteu a Leigh Hunt, diretor do *The Examiner*, o "Hino à Beleza Intelectual", sob pseudônimo. Hunt o publicou em outubro de 1816. Em dezembro, Hunt, esclarecido o pseudônimo e à vista de mais obras de Shelley, honrou-o ao lado de Keats e de J. H. Reynolds com o manifesto "Jovens poetas", os quais, junto com Byron em seu novo estilo, reanimariam a poesia inglesa.

Hazllitt veria Shelley, como escreveu após a morte do poeta, como "um homem notável".

Sua pessoa era um símbolo e imagem de seu gênio. Sua pele clara, dourada, sardenta, parecia transparente, com uma luz interior, e o espírito dentro dele "tão divinamente formado / que se poderia dizer que seu corpo pensava". Ele lembrava, aos que o viam, algumas fábulas de Ovídio. Sua forma, graciosa e esbelta, inclinava-se como uma flor com a brisa. Mas ele se esmagava sob o peso do pensamento que aspirava a atestar, e murchava no clarão de relâmpago de uma filosofia implacável.

Joseph Severn, o amigo de Keats, por seu turno descreveria Shelley como de "talhe alto, elegante mas esguio."

INTRODUÇÃO

Seu rosto dolorosamente intelectual, porque mostrava traços de sua luta com a humanidade e denunciava o dom transcendente de um espírito elevado em escassa relação com o mundo. Seus olhos azuis, inquietos, pareciam deter-se mais no aspecto interior do que no exterior da natureza. Suas maneiras, aristocráticas embora gentis, acresciam-lhe a beleza pessoal. Finos traços clássicos, luxuriante cabelo castanho e uma tez levemente corada quadravam com a inconsciência de seu próprio aspecto atraente.

Shelley, em Great Marlow, deu largas a sua tendência caritativa: socorria com dinheiro especialmente viúvas e crianças e distribuía cobertores e lençóis.

Em 1817, Shelley compôs "Laon and Cythna", do qual se diz que Cythna é a primeira nova mulher da poesia inglesa. O poema foi depois rebatizado como "Time revolt of Islam". Em maio Mary completou *Frankenstein* e preparou-o para publicação, o que aconteceria em 1° de janeiro de 1818. Em 2 de setembro de 1817, daria à luz uma menina, de nome Clara Everina. Shelley manifestava, por essa altura, "langor e doença que se agravava" e consultou em Londres um médico que lhe prescreveu repouso e mudança de clima. Resolveu então partir para a Itália, onde o "sol seria o melhor médico", pensava ele.

Em fins de 1817 escreveu em competição com Horace Smith um soneto sobre Ozimândias e em 4 de fevereiro de 1818 Shelley, Keats e Leigh Hunt em casa deste último, fizeram sonetos sobre o Nilo, os três publicados.

Em março de 1818 os Shelleys deixaram Londres e ganharam Milão de onde fizeram uma excursão em abril, junto ao lago de Como. Allegra foi enviada para Byron, em Veneza, no mês de abril, e em maio os Shelleys partiram para Pisa. Depois de uma ida a Livorno para conhecer o casal Gisborne, ele comerciante, os Shelleys vão para Banhos de Lucca. Shelley lê Ariosto e traduz *O Banquete* de Platão, escreve *Rosalind and Helen*. Em agosto vai com

Claire ver como as coisas iam com Allegra, que estava em casa do cônsul Hoppner, em Veneza. Shelley cavalga com Byron em Lido, ilha do Adriático. Em 31 de agosto Mary ruma para Este. A menina Clara adoece e vem a morrer em Veneza, aonde fora levada em busca de tratamento. Shelley e Mary passam setembro em Este, onde o poeta compôs "Lines written among the euganean hills", bem como "Julian and Madalo", poema no qual transparecem suas impressões de si mesmo e de Byron (que como poeta ele tinha em alta conta, "cisne fiel à tempestade"). Estava ele convencido, frisa Blunden, de que tudo o que pudesse exortar Byron a usar todos os seus dons seria um serviço ao mundo.

Em 7 de novembro Shelley estava em Ferrara, onde visitou a biblioteca e viu manuscritos de Ariosto e Tasso. Dois dias depois já se achava em Bolonha e passou uma semana em Roma, dirigindo-se depois para Nápoles. Escalou o Vesúvio e visitou Pompeia. Não estava bem de saúde. Conheceu Paestum e foi de lá para Roma, onde iria ficar três meses. Frequentava de noite a casa da sra. Dionigi, que escrevia e pintava, e visitou alguns ingleses como Lorde Gilford e Sir William Drummond. Conheceu também um tipo excêntrico, o coronel Finch. Presenciou os festejos por ocasião da visita do Imperador da Áustria a Roma, bem como viu o Papa nas cerimônias em São Pedro. Em Roma, nas termas de Caracala, continuou o "Prometeu libertado", cujo primeiro ato fora completado em Nápoles e ao qual juntara agora mais dois atos (abril de 1819). Shelley se encantara com as termas de Caracala, não só pelo que eram, como pela natureza que as circundava. Descobriu lá "um pequeno campo musgoso, rodeado de arbustos selvagens; magnificência de anêmonas, goivos amarelos e violetas, cujos caules

INTRODUÇÃO

atravessam o musgo estrelado, e de lustrosas flores azuis cujo nome desconheço e que espalham pelo ar o mais divino odor, o qual, quando a gente se reclina à sombra da ruína, produz sensações de voluptuoso langor, como as combinações de doce música".

Em julho William, o filho de Shelley, caiu gravemente enfermo, com febre alta a que o dr. Beil não pôde dar remédio. No dia 7 desse mês, o menino morreu e foi sepultado no Cemitério Protestante.

A intenção de deixar Roma reforçou-se com essa perda, e logo os Shelleys se mudaram para Livorno. Lá Shelley recebeu a *Nightmare Abbey*, de seu amigo Peacock, que o retrata num dos tipos do livro, *Scythrop Glowry*. Lê Calderón de la Barca, em espanhol, e aproxima-o de Shakespeare. William Godwin, o sogro, continua a pedir-lhe dinheiro. Shelley recorda-se de já ter-lhe dado, ao todo, 4700 libras.

Escreve a peça de cinco atos em versos brancos, *The Cenci*, tendo por tema a tragédia que se abateu sobre essa família em 1599, com a morte do pai incestuoso e desumano por Beatrice, que sofre as penas da lei. Escreveu um poema político, "Men of England", que só seria publicado anos mais tarde.

Em outubro de 1819 Shelley se encontra em Florença, onde alugou apartamentos por seis meses. Um dia, ao longo do Arno, perto da cidade, ele escreveu a "Ode ao Vento Oeste", poema eloquente e belo. Frequenta os Uffizi. Em 12 de novembro de 1819 nasceu-lhe um filho, Percy Florence, que mais tarde herdaria o título de baronete e viveria até 1889. Conheceu Sophia Stacey, a quem ensinou italiano, e com quem teve breve idílio. Escreve o quarto ato de seu poema capital, o "Prometeu libertado". Diz Blunden que o poema encerra trechos que serão citados ainda por longo tempo como as profecias da raça porvindoura. Amelia Curran pinta-lhe o retrato, do qual, mesmo inacabado, se diz que é o mais conhecido de qualquer poeta inglês, exceto o Shakespeare, de Droeshout. Devido a padecimentos físicos, resolveu ir para Pisa, onde poderia consultar o célebre dr. Vacca. Em 26 de janeiro, com Mary, Claire, o menino e serviçais vai pelo Arno para aquela cidade. Em Pisa o médico lhe aconselhou que esquecesse os frascos de remédio e no fim de maio fosse para Banhos de Lucca. Escreve versos a uma cotovia, bastante populares. Compõe em três dias o poema "The witch of Atlas", em oitava rima. Escreve o *Édipo Tirano*, tragédia em dois atos.

Dirige-se por carta a Keats, convidando-o, também em nome de Mary, a passar o inverno em Pisa, salientando que o poeta, em atenção a sua saúde, deveria ir à Itália. Shelley se dá em Pisa com alguns intelectuais italianos, como o padre e professor de física Francesco Pacchiani, que os outros pisanos julgavam louco, mas falava um italiano tão belo que encantava Mary; outro era o poeta Tommaso Sgricci, que improvisava dramas poéticos. Por intermédio do primeiro ouve falar na Contessina Teresa Emilia Viviani, que estava no convento de Sant'Ana, internada pelo pai, para afastá-la do amante da mãe. Shelley e os seus se encontram com a moça de 19 anos, que era de uma beleza clássica. O poeta viu-a pela primeira vez em 5 de dezembro de 1820 e por ela concebeu um amor platônico que iria expressar no *Epipsychidion* (publicado por Ollier em 1821). Em setembro de 1821 a moça casou-se. Não foi feliz. Quando Medwin, o primo de Shelley, a visitou na idade de 35 anos, ela estava doente, solitária, e curtia necessidade.

Shelley e Mary conhecem o príncipe Alexandre Ma-

INTRODUÇÃO

vrocordato, da Grécia, e sua prima, a princesa Argyropoli. O príncipe, em exílio, só pensava na libertação de sua pátria. Mary dava-lhe lições de inglês e recebia de grego. Em junho de 1821 Mavrocordato partiu para a Moreia, a fim de juntar-se ao exército. Shelley lhe dedicaria *Hellas*, um drama lírico, famoso por seus coros, principalmente o último. Shelley estudava árabe, possivelmente com vistas a futura viagem. Escreveu a *Defence of Poetry*, que tem reflexões memoráveis sobre o tema, como a seguinte: "A poesia ergue o véu da oculta beleza do mundo, e faz objetos familiares serem como não familiares". Edward e Jane Williams se deslocam até Pisa para conhecer Shelley, de quem ficariam íntimos a ponto de o moço mais tarde escrever alguns poemas para Jane.

Shelley manda nova carta a Keats — cujo *Hyperion* admirava sobremaneira — convidando-o a hospedar-se em Pisa, mas os planos de Keats já estavam feitos para Roma, onde viria a falecer em 23 de fevereiro de 1821. Shelley só soube dessa morte em meados de abril; informou Byron. Escreveu o que ele próprio tomou como "uma altamente trabalhada obra de arte", o conhecido "Adonais", elegia pela morte de Keats, inicialmente inspirada nos bucólicos gregos Mosco e Bíon. O poema foi completado em início de junho, e logo impresso, pois dele Shelley muito esperava. O poeta, até morrer, sempre confiou em que a poesia de Keats triunfaria.

Byron, em Ravena, iniciava seu caso de amor com a Condessa Guiccioli, que em 1821 tinha 20 anos, dela se tornando *cavaliere servente*. Expulsos os Gambas (a Guiccioli era filha do Conde Gamba) dos territórios papais, mudaram-se eles para a Toscana, a conselho de Shelley, para isso estimulado por Byron. Shelley a essa altura julgava Byron muito superior a todos os poetas do dia, pois

PÉRICLES EUGÊNIO DA SILVA RAMOS

criava algo inteiramente novo e "selava cada palavra com imortalidade".

Em agosto de 1821 escreveu a Leigh Hunt renovando proposta de Byron no sentido de que Hunt deixasse seu jornal, *The Examiner*, e fosse para Pisa a fim de se incumbir, junto com Shelley e Byron, de um novo jornal. Hunt e família se alojariam no térreo do palácio de Byron. Edward e Jane Williams retornam a Pisa e encontram acomodações no térreo da morada dos Shelleys, os Tre Palazzi. Shelley, por essa ocasião, era apto a atirar, correr, hábil no remo, iatismo, bilhar; conhecia a caça à raposa e à lebre e assuntos agrícolas em geral. Desiste de ir à Arábia. *Caim*, de Byron, é publicado, e Shelley e Mary julgam-no a obra-prima do lorde.

Em 1822 Edward Trelawny, o aventureiro, que resolvera passar algum tempo com Shelley e Byron, chegou a Pisa e se incorporou ao grupo. Allegra, a filha de Byron e Claire, morre numa epidemia de tifo. Cresce a dependência de Shelley de Edward e Jane Williams. Em janeiro, descreve a moça como "mais amável e bela do que nunca, e uma espécie de paz personificada no meio de nosso círculo de tempestades". Shelley, não obtendo uma harpa, dá-lhe de presente uma guitarra. Estima-se que essas quedas de Shelley por outras mulheres se devessem ao fato de Mary gostar da sociedade e Shelley da solidão.

Byron e Shelley tinham encarregado um amigo de Trelawny, o capitão Daniel Roberts, de construir barcos para eles, um menor e aberto para Shelley, outro maior e com convés para Byron. O barco de Shelley foi chamado *Don Juan* por Byron, embora Shelley preferisse denominá-lo *Anel*. O de Byron era o *Bolívar*.

Em maio de 1822 os Shelleys e os Williams se mudaram para a Casa Magni na aldeia de pesca de San Terezo.

INTRODUÇÃO

Mary esperava outro filho. Em 12 de maio o *Don Juan* chega de Nápoles, conduzido por Mr. Heslop e dois marujos ingleses. O barco tinha 8½ pés de comprimento e 4½ de largura. Muitas viagens foram feitas no *Don Juan*, que Shelley achava rápido e bonito. Em carta de 18 de junho a Gisborne, escreve Shelley:

Williams é capitão, e navegamos ao largo desta aprazível baía ao vento noturno, sob a lua de verão, até que a terra parece outro mundo. Jane traz a guitarra dela, e se o passado e o futuro pudessem ser apagados, o presente contentar-me-ia tanto que eu poderia dizer como Fausto ao momento que passa: "Fica, és tão belo!".

Em 13 de junho o *Bolívar* foi trazido à baía de Lerici por Trelawny e Roberts. Coisas estranhas estão sucedendo: Shelley vê o espírito de Allegra, Jane vê Shelley passar quando ele não estava passando por ali. Shelley escreve "Time triumph of life", que deixa incompleto. Leigh Hunt chega da Inglaterra com a família, e foi instalado em Pisa no andar térreo do Palácio Lanfranchi. O jornal, a princípio a ser denominado *Hespérides*, mas que sairia com o título *The Liberal*, deveria ter os lucros divididos por Hunt, Byron e Shelley.

De Pisa Shelley volta a Livorno. Em 8 de julho é aconselhado a esperar um dia para fazer-se ao largo, rumo a Lerici, pois suspeitava-se de mau tempo. O *Don Juan* velejou e desapareceu na neblina da tempestade próxima. Houve a história de que o *Don Juan* fora arrombado por um barco pirata, que tencionava roubá-lo: afirmou-o um dos piratas, *in articulo mortis*.

Pereceram Shelley, Williams e o grumete Charles Vivian. Trelawny pôs-se a procurá-los. O mar devolveu os cadáveres, desfigurados. O de Williams foi encontrado na embocadura do Serchio; o de Vivian em Nasa; o de Shelley flutuou para a praia perto de Via Reggio; tinha no bolso uma edição de Sófocles e o último volume de Keats, que continha o *Hyperion* e havia sido emprestado a Shelley por Leigh Hunt. Os corpos foram enterrados nos locais onde encontrados, como os regulamentos exigiam, jogando-se cal viva nas covas. Mas os enlutados desejavam que o corpo de Shelley fosse removido para o Cemitério Protestante, em Roma. Apesar dos regulamentos, por influência do ministro britânico em Florença, Mr. Dawkins, as autoridades de Via Reggio receberam ordem de entregar o corpo a Trelawny. Este, com Byron, Hunt e funcionários, erigiu na praia uma fornalha, perto da foz do Serchio, na qual queimou os restos de Williams. Era 15 de agosto de 1822. No dia seguinte fez-se a pira de Shelley e, com muito sol, incenso, sal, vinho e óleo, o corpo do poeta foi cremado, jogando-se nas chamas o livro de Keats como oferenda aos mortos. Tudo se consumiu, exceto o coração, que foi dado a Byron; Byron passou-o a Hunt, Hunt a Mary e afinal as cinzas de Shelley repousaram no cemitério a cuja beleza fora tão sensível, e onde estava o seu filho.

AS OBRAS

Desde quando apareceu, a poesia de Shelley — observa-o D. W. Harding — encontra juízos conflitantes, e embora de tempos em tempos um ou outro domine a opinião crítica, ambos parecem sobreviver. Mesmo agora, em período desfavorável, "a visão alternativa dele como poeta por excelência [...] é ainda encontradiça. O principal perigo na atualidade é que esta generalização ultrassimples da crítica destrutiva, válida quanto a alguns traços distintivos de sua poesia, pode levar a uma negligência de muito, nela, que compensa a atenção". E esse muito que compensa não é pouco — pois Shelley

INTRODUÇÃO

juntou sublimidade, beleza e paixão pelo bem em seus versos —, no juízo dos cultores da sua poesia. Segundo W. M. Rossetti e Roger Ingpen, são três os fundamentos principais em que se baseia a eminência de Shelley.

Ele não foi excedido em sua idealidade, em sua música e em sua importância. Quanto à idealidade, ele foi contrário a todo tipo de opressão e acreditava na humanidade. Quanto à música de sua poesia, essa não lhe é denegada mesmo pelos seus opositores. Afirma-se até que talvez nenhum dos poetas ingleses notáveis tenha usado uma variedade de formas e medidas maior do que ele. Quanto à importância, além da flama de paixão intelectual que transmite, ele é efetivamente o poeta do futuro. Shelley tinha a têmpera de um renovador e de um mártir; ele uniu a grandeza especulativa e o zelo humanitário num grau para o qual em vão procuraríamos precursor.

Acredita-se que, de seus poemas, o mais importante seja o "Prometeu libertado". Mas sua poesia lírica tem também pontos claramente estimáveis. Alguns desses poemas apresentamos em tradução, e são eles realmente altos, como é o caso do coro final de *Hellas* ou a "Ode ao Vento Oeste". Dizem alguns detratores que a música de Shelley é vazia, mas, como observa Harding, a deficiência muitas vezes não é do poeta e sim do leitor, que não capta o que se contém na estrutura elíptica das sentenças de Shelley e deixa de perceber-lhes o sentido. Aliás isso é comum no comentário de poesia, que atribui ao poeta o que resulta apenas de falha de compreensão do comentarista.

O coro final de *Hellas*, reminiscente de Isaías, lembra o impacto profético da Écloga messiânica de Virgílio: desenvolve-a em parte e alcança uma expressão que é sustentadamente firme — dir-se-ia tirante a épica. Yeats não parece ter sido alheio à influência desse coro; e isso já é dizer muito.

PÉRICLES EUGÊNIO DA SILVA RAMOS

A "Ode ao Vento Oeste" é veementemente lírica, constituindo um acme cuja grandeza evoca a de Keats em suas grandes odes.

O "Adonais" já é poema diferente: é uma elegia funeral destinada a reverenciar a memória de Keats, e foi construída costeando Mosco e Bíon nos versos de partida. "Na estrutura geral" — escreve N. I. White:

O "Adonais" é muito simples. Trinta e duas estâncias espenserianas expressam não apenas a desolação do poeta com a morte de Adonais, mas a desolação de todas as forças naturais e imaginativas que ele fez belas em sua poesia. As quinze estâncias seguintes enfatizam a mesma piedade e tristeza tal como expressas pela Musa Urânia e por poetas irmãos, terminando com uma típica maldição shelleyana sobre o assassino [isto é, o crítico que atacou Keats] uma maldição que renuncia à vingança com a certeza de que o autoconhecimento é a pior posição possível para tal noteiess biot on a remembered name.

Nesse ponto [estância 38] descobre-se que a morte física não é realmente a extinção para os que são como Adonais. Do ponto de vista da Eternidade, a vida física é propriamente uma morte viva, e a vida real vai além. Adonais ainda vive como parte da Natureza que ele ajudou a fazer mais encantadora, e como parte desse grande Espírito, a Beleza Intelectual, ou Amor, que eternamente modela todas as formas de vida a seus propósitos, tanto quanto possam sentir sua influência. Os supostamente vivos vê-se que são realmente menos vivos do que Adonais. Roma, não apenas o sepulcro de Adonais, mas de impérios e religiões, é uma prova visível de que só uma parte do passado jamais pode morrer: aqueles espíritos como ele, *who waged contention with their time's decay*. A única realidade última para Shelley era a Beleza Intelectual; a vida humana era real e duradoura apenas por se identificar com ela. Assim o poeta alcança um dos seus mais altos pontos de expressão no clímax de "Adonais":

> The One remains, the many change and pass;
> Heaven's light for ever shines, Earth's' shadows fly;
> Life, like a dome of many-coloured glass,
> Stains the white radiance of Eternity.

INTRODUÇÃO

Nesta brilhante imagem Shelley condensou quase todo o espirito dos *Triunfos* de Petrarca. Desde 1818 Shelley tinha admirado Petrarca como um dos maiores poetas. Em seus *Triunfos* a Eternidade é a única perfeição duradoura; a vida terrena, à luz da Eternidade, é um cortejo de sombras vãs. O diário de Mary de 7 de setembro de 1819 mostra Shelley lendo o triunfo da Morte de Petrarca em voz alta. Aqui Petrarca diz que a Morte é chamada assim apenas pelos desavisados e que Laura, morta, está realmente viva ao passo que seu amante vivo está em verdade morto. Tão completamente Shelley se apropriou dessa ideia que a expressou numa imagem sugerida pelo *Macbeth* de Shakespeare que ao mesmo tempo expressa o significado do poema de Petrarca e a própria crença de Shelley

> Peace, peace! he is not dead, he does not sleep —
> He has awakened from the dream of life —
> 'Tis we, who, lost in stormy visions, keep
> With phantoms an improfitable strife
> And in mad trance strike with our spirit's knife
> Invulnerable nothings...

As três estâncias que encerram o Poema transmutam o desânimo pessoal do autor em algo como êxtase. Uma vez que suas próprias esperanças terrenas estavam mortas, por que hesitar em juntar-se a Adonais numa Vida eterna?

A verdadeira essência dessa Eternidade é a Beleza Intelectual, o Um que permanece fixo num universo de mudança e decadência. Na estância 54 Shelley exprime apaixonadamente tanto o poder da Beleza Intelectual como da maneira pela qual ela opera:

> That Light whose smile kindles the Universe,
> That Beauty in which all things work and move,
> That Benediction which the eclipsing Curse
> Of birth can quench not, that sustaining Love
> Which through the web of being blindly wove
> By man and beast and earth and air and sea,
> Burns bright or dim, as each are mirrors of
> The fire for which all thirst; now beams on me,
> Consuming the last clouds of cold mortality.

Possivelmente tudo na defesa por Shelley dos indivíduos oprimidos era reforçado por sua visão constante de si próprio como vítima

PÉRICLES EUGÊNIO DA SILVA RAMOS

de perseguição. No caso de Keats dificilmente haverá margem de dúvida de que isso era particularmente assim. [...] É difícil acreditar que ele teria escrito "Adonais" se não pensasse que Keats fora assassinado pelos críticos. Shelley tinha-se por vítima similar. Se ele sentiu algum impulso natural de lutar em seu próprio favor deve ter sido inibido pelo seu princípio de que a vingança era um dos maiores erros humanos. Defendendo Keats, contudo, ele estava ao mesmo tempo, meio inconscientemente, defendendo-se a si próprio. No primeiro esboço de seu prefácio ele uniu seus próprios agravos feitos pelos críticos com os de Keats e omitiu suas queixas pessoais apenas a conselho do Conde Taafe. Entre os poetas fraternos que vêm chorar Adonais, Shelley dispõe de Byron, Moore e Hunt em não mais de quatro linhas cada um, mas requer quatro estâncias para apresentar seu próprio e apaixonado autorretrato, como "um gamo abandonado pelo bando, ferido pelo dardo do caçador" e alguém que "no fado de outro chorava o seu próprio". Em tais circunstâncias era impossível chorar Keats sem chorar a si mesmo. Uma vez que o amálgama de Keats e Shelley está razoavelmente completo, as "influências" clássicas de Bíon e Mosco são quase inteiramente abandonadas. O poema ganha intensidade e avança para a sua conclusão perfeita de um modo tipicamente shelleyano.

O *Epipsychidion*, que é um poema de amor intelectual, tem início meio críptico, mas julga-se que a Lua nele referida seja Mary. De qualquer forma, o poema é dirigido a Emilia Viviani, com a qual Shelley imagina alguma fuga para ilha do Egeu. E o excerto da fuga que damos do poema, cujo título é um desafio, segundo Edmund Blunden, para quem, todavia, pode equivaler a "manual da alma" — ecoando o *encheiridion*, isto é, "manual" do século XVII.

O "Hino à Beleza Intelectual", de composição anterior a todos os já considerados, expõe a descrença de Shelley quanto a comunicar-se com as almas dos mortos, e manifesta sua confiança na Beleza Intelectual, que é algo atemorizante. É um dos primeiros poemas de Shelley pre-

INTRODUÇÃO

nunciadores dos que ostentam sua plena capacidade de expressão.

"Ozimândias", além de ser um poema em si mesmo bem realizado, tem outra característica, que é o arranjo não canônico de rimas. Seu esquema é ABAB / ACDC / ODE / FEF, o que era aventuroso e novo para o soneto. De sua "Ode ao Vento Oeste" diz-se também que deveria ser impressa, o que nem sempre acontece, como uma sequência de cinco sonetos de esquema rimático ABAB / CBCD / CDE / DEE. Nossa tradução do "Ozymandias" também não ostenta rimas canônicas, embora a ordem não siga a de Shelley, e a da "Ode ao Vento Oeste", dado o seu ímpeto lírico, foi feita em versos brancos flutuantes, com andamento binário.

Quanto ao coro do v. 197 de *Hellas*, esclarece Shelley, em nota:

As noções populares do cristianismo são representadas neste coro como verdadeiras em sua relação com o culto que substituíram, e aquele que segundo toda probabilidade elas substituirão, sem considerar seus méritos numa relação mais universal. A primeira instância contrasta a imortalidade dos seres viventes e pensantes que habitam os planetas, e para usar uma frase comum e inadequada "vestem-se com a matéria", com a transitoriedade das manifestações mais nobres do mundo externo.

Os versos finais indicam um estado progressivo de existência mais ou menos exaltada, segundo o grau de perfeição que cada inteligência distinta pode ter atingido.

Dos versos "A uma cotovia" — um dos mais famosos de Shelley — afirma-se que poucas vezes na vida do poeta um símbolo de alegria poderia ter sido mais bem-vindo para ele. "Desde a primeira linha do poema a cotovia é tal símbolo: 'Pássaro nunca foste'. Ele é de um poeta, um poeta feliz que o mundo ouvirá."

Os outros poemas apresentam cada um seu interesse

específico. De citar o "Hino a Pã" e o "Hino a Apolo", o primeiro embalador, o segundo majestoso, o excerto do "Prometeu libertado" com seu final dir-se-ia que prenunciador do simbolismo, poemas de interesse biográfico, como o escrito em depressão, perto de Nápoles, outros que aproveitam intensamente as plantas, como "A pergunta", ou que falam nas injustiças do mundo. E lê-los, que teremos a certeza de estarmos convivendo com um poeta de categoria, muito acima das opiniões críticas que às vezes, conforme as épocas, tentam diminuí-lo.

ODE AO VENTO OESTE
E OUTROS POEMAS

PROMETEUS UNBOUND: ACT II — SCENE I

From all the blasts of heaven thou hast descended:
Yes, like a spirit, like a thought, which makes
Unwonted tears throng to the horny eyes,
And beatings haunt the desolated heart,
Which should have learnt repose: thou hast descended   5
Cradled in tempests; thou dost wake, O Spring!
O child of many winds! As suddenly
Thou comest as the memory of a dream,
Which now is sad because it hath been sweet;
Like genius, or like joy which riseth up   10
As from the earth, clothing with golden clouds
The desert of our life.
This is the season, this is the day, the hour;
At sunrise thou shouldst come, sweet sister mine,
Too long desired, too long delaying, come!   15
How like death-worms the wingless moments crawl!
The point of one white star is quivering still
Deep in time orange light of widening morn
Beyond the purple mountains: through a chasm
Of wind-divided mist the darker lake   20
Reflects it: now it wanes: it gleams again
As the waves fade, and as the buring threads
Of woven cloud unravel in pale air:
'Tis lost! and through yon peaks of cloud-like snow
The roseate sunlight quivers: hear I not   25
The Aeolian music of her sea-green plumes
Winnowing the crimson dawn?

PROMETEU LIBERTADO: ATO II — CENA I | 35

Das rajadas do céu, de todas, tu desceste,
Como um espírito, ou um pensamento, faz
Indesejado o pranto afluir aos córneos olhos
E palpitar o desolado coração,
5 Que deverá aprender a repousar: desceste
No berço das tormentas: Primavera, acordas!
Filha de muitos ventos! Tão subitamente
Tu chegas, tal como a recordação de um sonho
Que é triste agora porque foi encantador,
10 Tal como o gênio ou alegria que se eleva
Como da terra e veste de umas nuvens áureas
O deserto da nossa vida.
A quadra é esta, é este o dia, a hora é esta;
Virias ao raiar do sol, doce irmã minha,
15 Há muito desejada e tão morosa, vem!
Como vermes de morte arrastam-se os momentos!
O ponto de uma estrela branca ainda tirita
Fundo na luz laranja da manhã crescente,
Além dos montes púrpura: através da fenda
20 Feita na bruma pelo vento, o lago escuro
Reflete-a; esvai-se agora; brilha novamente,
Como desmaia a vaga, e como os fios ardentes
Da entretecida nuvem se desfazem no ar;
Perdeu-se; e em picos de uma neve como nuvem
25 Tremula a rósea luz do sol; não ouço a música
Eólia de suas plumas, verdes como o mar,
Abanando a aurora carmesim?

36 | HELLAS: FINAL CHORUS

[1060] The world's great age begins anew,
  The golden ages return,
The earth doth like a snake renew
  Her winter weeds outworn;
Heaven smiles, and faiths and empires gleain,   5
Like wrecks of a dissolving dream.

A brighter Hellas rears its mountains
  From waves serener far;
A new Peneus rolls his fountains
  Against the morning star.   10
Where fairer Tempes bloom, there sleep
Young Cyclads on a sunnier deep,

A loftier Argo cleaves the main,
  Fraught with a later prize;
Another Orpheus sings again;   15
[1075]   And loves, and weeps, and dies.
A new Ulysses leaves once more
Calypso for his native shore.

Oh, write no more the tale of Troy,
  If earth Death's scroll must be!   20
Nor mix with Laian rage the joy
  Which dawns upon the free:
Although a subtler Sphinx renew
Riddies of death Thebes never knew.

HELLAS: CORO FINAL

No mundo a grande idade se inicia novamente,   [1060]
    Voltam as quadras redouradas,
Renova a terra, como uma serpente,
    Suas ervas de inverno fatigadas:
5 O céu sorri, e fés e impérios raiam,
Como restos de sonhos que se esvaiam.

Uma Hélade mais fúlgida levanta os montes
    Da onda mais serena e mais louçã;
Faz, um novo Peneu, rolarem suas fontes
10   Ante a estrela da manhã.
Onde mais belo Tempe enflora aí estão a cochilar
As jovens Cíclades em mais ensolarado mar.

Fende o mar alto uma Argo mais magnificente,
    Carregada com espólio mais recente;
15 Um outro Orfeu modula novamente,
    E ama, e chora, e morre cruelmente.   [1075]
Um novo Ulisses deixa uma vez mais
Calipso pela terra de seus pais.

Oh não descrevas mais Troia em porfia,
20   Se o livro da ruína a terra deve ser!
Nem com a raiva laiana mescles a alegria
    Que sobre os livres eis a alvorecer.
Ainda que renove, Esfinge mais sutil,
Fatais enigmas: Tebas nunca os soube, hostil.

38 | Another Athens shall arise,
　　　And to remoter time
Bequeath, like sunset to the skies,
　　　The splendour of its prime;
And leave, if nought so bright may live, 　　　　　5
All earth can take or Heaven can give.

[1090]　Satumn and Love their long repose
　　　Shall burst, more bright and good
Than all who feil, than One who rose,
　　　Than many unsubdued: 　　　　　10
Not gold, not blood, their altar dowers,
But votive teams and symbol flowers.

Oh, cease! must hate and death return?
　　　Cease! must men hill and die?
Cease! drain not to its dregs the urn 　　　　　15
　　　Of bitter prophecy.
The world is weary of the past,
Oh, might it die or rest at last!

Uma outra Atenas se erguerá **| 39**
    E para mais remota idade
Tal como o ocaso ao firmamento, legará
    O resplendor de sua mocidade;
5 E deixará, se nada tão brilhante há de viver,
O que o céu pode dar e a terra receber.

Saturno seu repouso longo e Amor o seu   [1090]
    Hão de romper, melhores, mais luzidos,
Que todos os caídos, Um que a si se ergueu,
10   Muitos não vencidos:
Pranto votivo e flores-símbolos no altar,
Nem o ouro nem o sangue aí hão de mostrar.

Oh cessa! devem o ódio e a morte inda volver?
    Cessa! tem o homem de matar e de morrer?
15 Oh cessa! não esgotes a urna, até a lia,
    Da amarga profecia.
O mundo se cansou de seu passado, sim,
Que possa ele morrer ou descansar por fim!

OZYMANDIAS

I met a traveler from an antique land
Who said: Two vast and trunkless legs of stone
Stand in the desert... Near them, on the sand,
Haif sunk, a shattered visage lies, whose frown,
And wrinkled lip, and sneer of cold command,   5
Tell that its sculptor well those passions read
Which yet survive, stamped on these lifeless things,
The hand that mocked them, and the heart that fed:
And on the pedestal these words appear:
"My name is Ozymandias, king of kings: 10
Look on my works, ye Mighty, and despair!"
Nothing besides remains. Round the decay
Of that colossal wreck, boundless and bare
The lone and level sands stretch far away.

OZIMÂNDIAS

Ao vir de antiga terra, disse-me um viajante:
Duas pernas de pedra, enormes e sem corpo,
Acham-se no deserto. E jaz, pouco distante,
Afundando na areia, um rosto já quebrado,
De lábio desdenhoso, olhar frio e arrogante:
Mostra esse aspecto que o escultor bem conhecia
Quantas paixões lá sobrevivem, nos fragmentos,
A mão que as imitava e ao peito que as nutria.
No pedestal estas palavras notareis:
"Meu nome é Ozimândias, e sou Rei dos Reis:
Desesperai, ó Grandes, vendo as minhas obras!"
Nada subsiste ali. Em torno à derrocada
Da ruína colossal, a areia ilimitada
Se estende ao longe, rasa, nua, abandonada.

ODE TO THE WEST WIND

I

O wild West Wind, thou breath of Autumn's being,
Thou, from whose unseen presence the leaves dead
Are driven, like ghosts from an enchanter fleeing,

Yellow, and black, and pale, and hectic red,
Pestilence-stricken multitudes: O thou,
Who chariotest to their dark wintry bed

The wingéd seeds, where they lie cold and low,
Each like a corpse within its grave, until
Thine azure sister of the Spring shall blow

Her clarion o'er the dreaming earth, and fill
(Driving sweet buds like flocks to feed in air)
With living hues and odours plain and hill:

Wild Spirit, which art moving everywhere;
Destroyer and preserver; hear, oh, hear!

II

Thou on whose stream, 'mid the steep sky's commotion,
Loose clouds like earth's decaying leaves are shed,
Shook from the tangled boughs of Heaven and Ocean,

Angels of rain and lightning: there are spread
On the blue surface of thine aery surge,
Like the bright hair uplifted from the head

Of some fierce Maenad, even from the dim verge
Of the horizon to the zenith's height,
The locks of the approaching storm. Thou dirge

ODE AO VENTO OESTE

I

Selvagem Vento Oeste, ó tu, sopro do outono,
Invisível presença de que as folhas mortas
Fogem como fantasmas diante de algum bruxo,

Pálidas, amarelas, pretas ou vermelhas
5 De febre, pestilentas multidões; ó tu
Que as sementes aladas levas ao seu leito

De inverno, onde repousam frias e prostradas,
Como cadáveres nos túmulos, até
Que a tua irmã azul da primavera toque

10 O clarim sobre a terra sonhadora e encha
De cores e perfumes a planície e os montes,
Levando aos pastos do ar rebanhos de botões;

Espírito selvagem que por toda a parte
Te moves; destruidor e salvador, oh escuta!

II

15 Tu em cuja corrente, em meio à agitação
Do íngreme céu, as nuvens caem como folhas
Desses confusos ramos — Firmamento e Mar —,

Anjos da chuva e do relâmpago; as madeixas
Da tempestade que está vindo se derramam
20 Na superfície azul de tua vaga aérea,

Desde a fímbria sombria do horizonte ao zênite,
Como o cabelo erguido, a rebrilhar, da fronte
Da Mênade bravia. Tu, cântico fúnebre

Of the dying year, to which this closing night
Will be the dome of a vast sepulchre,
Vaulted with all thy congregated might

Of vapors, from whose solid atmosphere
Black rain, and fire, and hail will burst: oh, hear!   5

III
Thou who didst waken from his summer dreams
The blue Mediterranean, where he lay,
Lulled by the coil of his crystalline streams,

Beside a pumice isle in Baiae's bay,
And saw in sleep old palaces and towers   10
Quivering within the wave's intenser day,

All overgrown with azure moss and flowers
So sweet, the sense faints picturing them! Thou
For whose path the Atlantic's level powers

Cleave themselves into chasms, while far below   15
The sea-blooms and the oozy woods which wear
The sapless foliage of the ocean, know

Thy voice, and suddenly grow gray with fear,
And tremble and despoil themselves: oh, hear!

IV
If I were a dead leaf thou mightest bear;   20
If I were a swift cloud to fly with thee;
A wave to pant beneath thy power, and share

The impulse of thy strength, only less free
Than thou, O uncontrollable! If even
I were as in my boyhood, and could be   25

Do ano que está morrendo, para o qual esta última
Noite será o domo de um sepulcro enorme,
Abobadado com a força congregada

De teus vapores: atmosfera espessa de onde
5   Chuva, fogo e granizo saltarão: oh, escuta!

III

Tu que acordaste de seus sonhos de verão
O azul Mediterrâneo, onde este era embalado
Pelo rumor de suas correntes de cristal,

Na angra de Baía, ao pé de ilhas de pedra-pomes,
10   E via em sonho velhas torres e palácios
No dia mais intenso da onda estremecerem,

Recobertos de musgo azul e de tão doces
Flores, que desmaiamos ao pensarmos nelas!
Tu, a cuja passagem se abrem em abismos

15   As planícies atlânticas, enquanto embaixo
As flores submarinas e os limosos caules
De folhagem sem seiva a voz te reconhecem

E de repente empalidecem de pavor
E tremem e despojam-se de todo: oh escuta!

IV

20   Se eu fosse alguma folha morta, que levasses;
Se eu fosse a nuvem célere a voar contigo;
Uma onda ofegando sob o teu poder

E partilhando o impulso dessa tua força,
Só menos livre do que tu, ó indomável!
25   Se eu fosse igual ao que já fui na meninice,

The comrade of thy wanderings over Heaven,
As then, when to outstrip thy skiey speed
Scarce seemed a vision; I would ne'er have striven

As thus with thee in prayer in my sore need.
Oh, lift me as a wave, a leaf, a cloud! 5
I fall upon the thorns of life! I bleed!

A heavy weight of hours has chained and bowed
One too like thee: tameless, and swift, and proud.

V

Make me thy lyre, even as the forest is:
What if my leaves are falling like its own! 10
The tumult of thy mighty harmonies

Will take from both a deep, autumnal tone,
Sweet though in sadness. Be thou, Spirit fierce,
My spirit! Be thou me, impetuous one!

Drive my dead thoughts over the universe 15
Like withered leaves to quicken a new birth!
And, by the incantation of this verse,

Scatter, as from an unextinguished hearth
Ashes and sparks, my words among mankind!
Be through my lips to unawakened earth 20

The trumpet of a prophecy! O Wind,
If Winter comes, can Spring be far behind?

O companheiro dessas fugas pelo céu,
Quando vencer tua celeste rapidez
Em nada parecia um sonho; eu não teria

Lutado assim contigo, a suplicar aflito.
5 Como se eu fosse onda, nuvem, folha, oh ergue-me!
Nos espinhos da vida eu caio! Estou sangrando!

Um grave fardo de horas encadeou e verga
Alguém igual a ti: rápido, altivo, indômito.

V

Tua lira é a floresta, e que eu também o seja;
10 Se como as dela as minhas folhas caem, que importa!
O tumulto de tuas fortes harmonias

Tirará de nós dois profundo som de outono,
Doce mas triste. Faze-te, bravio espírito,
O meu espírito! Ó impetuoso, sê eu próprio!

15 Leva meus pensamentos mortos pelo mundo,
Quais folhas murchas, e haverá um renascimento!
E, pela força encantatória destes versos,

Espalha a minha voz por entre a humanidade,
Como cinzas e chispas de lareira acesa!
20 Para a terra que dorme, sê, com estes lábios,

Oh! a trombeta de uma profecia! Vento,
Se chega o inverno, estará longe a primavera?

48 | TIME

Unfathomable Sea! whose waves are years,
 Ocean of Time, whose waters of deep woe
Are brackish with the salt of human tears!
 Thou shoreless flood, which in thy ebb and flow
 Claspest time limits of mortality,   5
 And sick of prey, yet howling on for more,
Vomitest thy wrecks on its inhospitable shore;
 Treacherous in calm, and terrible in storm,
  Who shall put forth on thee,
  Unfathomable Sea?   10

TEMPO

Mar insondável, cujas ondas são os anos,
  Oceano do tempo, cujas águas de aflição
Receberam o sal do pranto dos humanos!
  Tu, mar sem praias, que na cheia e na vazão
  Abraças os limites da mortalidade,
  E uivando por mais vítimas, em tua saciedade,
Vomitas teus despojos em sua costa inóspita;
  Traiçoeiro em calma, horror na tempestade,
    Velejar em ti quem há de,
    Insondável mar!

HYMN OF PAN

I

From the forests and highlands
　　We come, we come;
From time river-girt islands,
　　Where ioud waves are dumb
　　　　Listening to my sweet pipings.　　　5

. . . .

II

Liquid Peneus was flowing,
　　And all dark Tempe lay
[15]　In Pelion's shadow, outgrowing
　　The light of the dying day,

. . . .

The Sileni, and the Sylvans, and the Fauns,　　10
　　And the nymphs of the woods and the waves,
[20]　To the edge of the moist river-lawns,
　　And the brink of the dewy caves,
And all that did then attend and follow,
Were silent with love, as you now, Apollo,　　15
　　With envy of my sweet pipings.

HINO DE PÃ

I

Das florestas e montanhas
    Nós chegamos, nós chegamos; e das ilhas
Que o rio cinta,
    Onde emudece a onda de voz alta,
5   Ouvindo a minha doce frauta.
. . . .

II

E estava o líquido Peneu correndo
    E Tempe inteiro escuro se estendia
Sombra do Pélion, vencendo   [15]
    A luz do dia que morria,
. . . .

10 Os Faunos e os Silvanos e os Silenos
    E as Ninfas das florestas e das ondas
Na relva úmida dos rios, bem na orla,   [20]
    E à beira das cavernas orvalhadas
E os que os serviam e os acompanhavam
15 Silenciavam de amor como tu, Apolo, agora,
    De ciúme de minha doce frauta.

III

[25] I sang of the dancings stars,
  I sang of the daedal Earth,
And of Heaven — and the giant wars,
  And Love, and Death, and Birth,
   —And then I changed my pipings,   5
Singing how down the vale of Maenalus
  I pursued a maiden and clasped a reed.
Gods and men, we are all deluded thus!
  It breaks in our bosom and then we bleed:
All wept, as I think both ye now would,   10
If envy or rage had not frozen your blood,
   At the sorrow of my sweet pipings.

III

Eu cantei das estrelas que dançavam,
    Eu cantei da dedálea Terra,
E do Céu — e dos gigantes em guerra,
    E do Amor, e da Morte, e Nascimento,
5   — E então mudei o som de minha frauta
Cantando como ao pé do Mênalo correndo
    Persegui uma moça e agarrei só um caniço.
Deuses e homens, assim somos iludidos!
    Isso perturba nosso peito e então sangramos:
10 Tudo chorou; vós ambos choraríeis, penso,
Se a inveja — ou a idade — vosso sangue não o pôs gelado,
    Com a tristeza de minha doce frauta.

THE QUESTION

I

I dreamed that, as I wandered by the way,
   Bare Winter suddenly was changed to Spring,
And gentle odours led my steps astray,
   Mixed with a sound of waters murmuring
Along a shelving bank of turf, which lay   5
   Under a copse, and hardly dared to fling
Its green arms round the bosom of the stream,
But kissed it and then fled, as thou mightest in dream.

II

There grew pied wind-flowers and violets,
   Daisies, those pearled Arcturi of the earth,   10
The constellated flower that never sets;
   Faint oxlips; tender bluebells, at whose birth
The sod scarce heaved; and that tall flower that wets
   —Like a child, half in tenderness and mirth —
Its mother's face with Heaven's collected tears,   15
When the low wind, its playmate's voice, it hears.

III

And in the warm hedge grew lush eglantine,
   Green cowbind and the moonlight-coloured may,
And cherry-blossoms, and white cups, whose wine
      Was the bright dew, yet drained not by the day;   20
And wild roses, and ivy serpentine,
   With its dark buds and leaves, wandering astray;
And flowers azure, black, and streaked with gold,
Fairer than any wakened eyes behold.

A PERGUNTA

II

Sonhei que como eu estivesse a caminhar
   Súbito o inverno se mudou em primavera:
E o suave odor pôde meus passos extraviar,
   Unido ao som da água a murmurar austera,
5 Por relvado declive sob um matagal,
   E esse declive a custo ia lançar, risonho,
Seus braços verdes ao peito do manancial:
Mas beijou-o e fugiu, como se pode em sonho.

II

Lá crescia a violeta; a anêmona, ademais;
10   Arcturo ou pérola da terra, a margarida,
A constelada flor que não se põe jamais;
   A primavera, a campainha, que nascida
Mal ergue o seu torrão; e a flor que molha a face
   — Como criança, com alegria e com meiguice —
15 Da mãe com as lágrimas que bem do céu juntasse
Sempre que a voz do vento companheiro ouvisse.

III

A eglantina crescia pelas sebes quentes,
   A verde briônia e o pilriteiro cor de luar,
E a flor da cerejeira e os cálices albentes
20   Cujo vinho era o orvalho, até o sol o secar;
E a rosa brava e a errar heras espiraladas,
   Sem norte com as folhagens e botões sombrios;
Flores pretas e azuis e de ouro filetadas,
   Mais belas que as que vejam olhos prestadios.

IV

And nearer to the river's trembling edge
 There grew broad flag-flowers, purple pranked
  [with white,
And starry river buds among the sedge,
 And floating water-lilies, broad and bright,
Which lit the oak that overhung the hedge   5
 With moonlight beams of their own watery light;
And bulrushes, and reeds of such deep green
As soothed the dazzled eye with sober sheen.

V

Methought that of these visionary flowers
 I made a nosegay, bound in such a way   10
That the same hues, which in their natural bowers
 Were mingled or opposed, the like array
Kept these imprisoned children of the Hours
 Within my hand,—and then, elate and gay,
I hastened to the spot whence I had come,   15
That I might there present it!—Oh! to whom?

IV

Cresciam íris, branco e púrpura adornados,
    Próximo da margem trêmula do rio;
E entre lanços, uns botões estrelejados;
    E flutuava o nenúfar, longo e luzidio,
5 A alumiar o carvalho, sobre a sebe penso,
    Com os raios de luar de seu áqueo fulgor;
E juncos e caniços de um verdor intenso
Deslumbravam o olhar com sóbrio resplendor.

V

Fico a pensar que dessas flores ideais
10   Faço um buquê, de tal maneira combinado
Que as cores que nos seus abrigos naturais
    Se mesclam ou se opõem — arranjo assemelhado
Essas filhas das Horas nestas mãos retém:
    Contente e ufano, com essas flores eu enfim
15 Para o próprio lugar me apresso donde eu vim,
E quero dá-las de presente! — Oh, para quem?

TUE WORLD'S WANDERERS

I

Tell me, thou Star, whose wings of light
Speed thee in thy fiery flight,
In what cavern of the night
    Will thy pinions close now?

II

Tell me, Moon, thou pale and gray
Pilgrim of heaven's homeless way,
In what depth of night or day
    Seekest thou repose now?

III

Weary Mind, who wanderest
Like the world's rejected guest,
Hast thou still some secret nest
    On the tree or billow?

OS QUE VAGUEIAM NO MUNDO

I
Dize-me, estrela, cujas asas luminosas
Te apressam nesse ígneo voar:
Em que gruta da noite irás agora
        As tuas rêmiges fechar?

II
Dize-me, Lua, peregrina pálida
E cinza do caminho celestial sem lar:
Em que abismo da noite ou dia agora
        Procuras repousar?

III
Cansado vento que, tal como um convidado
Que o mundo rejeitou, ficas a errar:
Algum secreto ninho ainda conservas
        Na árvore ou no crespo mar?

HYMN OF APOLLO

I

The sleepless Hours who watch me as I lie,
    Curtained with star-inwoven tapestries
From the broad moonlight of the sky,
    Fanning the busy dreams from my dim eyes,—
Waken me when their Mother, the grey Dawn,   5
Tells them that dreams and that the moon is gone.

II

Then I arise, and climbing Heaven's blue dome,
    I walk over the mountains and the waves,
Leaving my robe upon the ocean foam;
    My footsteps pave the clouds with fire; the caves   10
Are filled with my bright presence, and the air
Leaves the green earth to my embraces bare.

III

The sunbeams are my shafts, with which I kill
    Deceit, that loves the night and fears the day;
All men who do or even imagine ill   15
    Fly me, and from the glory of my ray
Good minds and open actions take new might,
Until diminished by the reign of night.

HINO DE APOLO

I

As Horas vígeis que me guardam, se deitado,
 Veladas com a tapeçaria constelada
Do vasto luar copado;
 Fazendo voar dos olhos meus a sonharada,
Acordam-me quando a Mãe delas, a cinzenta Aurora,
Lhes diz que lua e sonhos foram já embora.

II

O domo azul do céu, galgo-o ao me levantar;
 Caminho sobre os montes, sobre as ondas,
E deixo o manto meu sobre a espuma do mar;
 Minha presença aclara as cavernas redondas,
Calçam com fogo as nuvens os meus passos
E o ar deixa a verde Terra nua para os meus abraços.

III

Meus dardos, os raios de sol, com os quais mortal
 Sou para o engano, que ama a noite e teme o dia;
O homem que faz ou que imagina o mal
 Voa de mim, e de meu raio que gloria;
Ganham as boas mentes e ações francas nova força,
Até que a noite para débil a distorça.

IV

I feed the clouds, the rainbows, and the flowers
    With their ethereal colours; the Moon's globe
And the pure stars in their eternal bowers
    Are tinctured with my power as with a robe;
Whatever lamps on Earth or Heaven may shine
Are portions of one power, which is mine.

V

I stand at noon upon the peak of Heaven,
    Then with unwilling steps I wander down
Into the clouds of the Atlantic even;
    For grief that I depart they weep and frown;
What look is more delightful than the smile
With which I soothe them from the western isle?

VI

I am the eye with which the Universe
    Beholds itself and knows itself divine;
All harmony of instrument or verse,
    All prophecy, all medicine are mine.
All light of Art or Nature;—to my song
Victory and praise in their own right belong.

IV

Os arco-íris e as nuvens nutro, e as flores belas
    Com suas etéreas cores; o globo lunar
E, em seus pousos eternos, as estrelas,
    Meu poder, como um manto, os vem cercar;
As lâmpadas que acendem Terra ou Céu
São porção de um poder, que é o meu.

V

No píncaro do céu ao meio-dia eu estadeio,
    Depois, com passos relutantes, lento eu me despenho
Nas nuvens do cair do sol atlântico; em seu seio;
    Elas choram a mágoa de eu partir, franzem o cenho.
Que olhar dá mais prazer do que o sorriso ideal
Com que as acalmo da ilha ocidental?

VI

Sou eu o olho com o qual o Universo
    Contempla-se a si mesmo e sabe-se divino;
Toda harmonia de instrumento ou verso
    E minha, e a medicina, e a fala do destino,
E toda a luz da arte ou natureza: é jus portanto,
A vitória e o louvor pertencem ao meu canto.

A DIRGE

Rough wind, that moanest loud
Grief too sad for song;
Wild wind, when sullen cloud
Knells all the night long;

Sad storm whose tears are vain,
bare woods, whose branches strain,
Deep caves and dreary main,—
Wail, for the world's wrong!

NÊNIA

Áspero vento, que lamentas alto
Dor muito triste para ser cantada,
Vento bravio, quando a escura nuvem
Dobra ao longo da noite consternada;

5   Bosques despidos, cujos galhos se contorcem,
Triste tormenta, de prantear tão infecundo,
Fundas cavernas e medonho mar,
Chorai pela injustiça deste mundo.

THE TRIUMPH OF LIFE

(First Part)

Swift as a spirit hastening to his task
Of glory and of good, the Sun sprang forth
Rejoicing in his splendour, and the mask

Of darkness fell from the awakened Earth —
The smokeless altars of the mountain snows
Flamed above crimson clouds, and at the birth

Of light, the Ocean's orison arose,
To which the birds tempered their matin lay.
All flowers in field or forest which unclose

Their trembling eyelids to the kiss of day,
Swinging their censers in the element,
With orient incense lit by the new ray

Burned slow and inconsumably, and sent
Their odorous sighs up to the smiling air;
And, in succession due, did continent,

Isle, ocean, and all things that in them wear
The form and character of mortal mould,
Rise as the Sun their father rose, to bear

Their portion of the toil, which he of old
Took as his own, and then imposed on them:
But I, whom thoughts which must remain untold

Had kept as wakeful as the stars that gem
The cone of night, now they were laid asleep
Stretched my faint limbs beneath the hoary stem

A VITÓRIA DA VIDA

(Primeira Parte)

Como um espírito a voar para missão
De luz e bem, alegre com o seu fulgor
O sol pulou, e a máscara da escuridão

Caiu da terra despertada; em seu candor
5 Os altares sem fumo dos nevosos montes
Flamearam sobre as nuvens rubras; com o albor

Do dia, a prece despertou do mar, à qual
Uniram as canções os pássaros e as fontes.
A flor que descerrou em campo ou matagal

10 Trêmulas pálpebras ao ósculo do dia,
A balançar o seu turíbulo no ar
Com o incenso do oriente luminoso ardia,

Ardia inextinguivelmente e devagar,
Enviando soluçantes ais ao ar que ria;
15 E na devida sucessão a ilha, o mar,

O continente, e tudo o que em si próprio ostente
A forma e a natureza do húmus que perece,
Se levantaram como o sol, seu pai ardente,

Para fazer o seu trabalho, que ele outrora
20 Tomara para si, antes que a eles o desse;
Mas eu os pensamentos silencio agora,

Os quais me mantiveram vígil, como estrelas
A ornar a noite; ora que estão adormecidos,
Meus membros estirei sob as ramagens belas

68 Which an old chestnut flung athwart the steep
Of a green Apennine: before me fled
The night; behind me rose the day; the deep

Was at my feet, and Heaven above my head,—
When a strange trance over my fancy grew   5
Which was not slumber, for the shade it spread

Was so transparent, that the scene came through
As clear as when a veil of light is drawn
O'er evening hills they glimmer; and I knew

That I had felt the freshness of that dawn   10
Bathe in the same cold dew my brow and hair,
And sate as thus upon that slope of lawn

Under the self-same bough, and heard as there
The birds, the fountains and the ocean hold
Sweet talk in music through the enamoured air,   15
And then a vision on my train was rolled.

De um velho castanheiro em flanco de Apenino;
Diante de mim, a noite em voos foragidos;
Atrás, o dia que se ergueu; o mar divino

Achava-se a meus pés, o céu por sobre a fronte.
5   Estranho transe me tomou o pensamento:
Não era sono; a sombra que espalhou defronte

Tinha tal transparência que mostrou a cena
Tão clara como, quando um véu de alumbramento
Se puxa, à tarde os morros mostram luz serena;

10 Eu soube que o frescor sentira dessa aurora,
Fronte e cabelos eu banhara neste orvalho
E num declive eu me sentara como agora,

Sob a mesma ramada, ouvindo como aqui
Manterem pássaros, mais fontes, mais o mar,
15 Conversas musicais no enamorado ar:
Depois uma visão na mente percebi.

TO NIGHT

I

Swiftly walk o'er the western wave,
  Spirit of Night!
Out of the misty eastern cave,
Where, all the long and lone daylight,
Thou wovest dreams of joy and fear,   5
Which make thee terrible and dear —
  Swift be thy flight!

II

Wrap thy form in a mantle gray,
  Star-inwrought!
Blind with thine hair the eyes of day;   10
Kiss her until she be wearied out,
Then wander o'er city, and sea, and land,
Touching all with thine opiate wand —
  Come, long-sought!

III

When I arose and saw the dawn,   15
  I sighed for thee;
When light rode high, and the dew was gone,
And noon lay heavy on flower and tree,
And the weary day turned to his rest,
Lingering like an unloved guest,   20
  I sighed for thee.

À NOITE

I

Veloz caminha sobre a onda a oeste,
    Espírito da Noite!
Da nevoenta caverna a leste,
Onde, por todo o longo e solitário dia,
Teceste sonhos de temor e de alegria,
Que te fazem terrível e querida,
    Veloz seja o teu voo!

II

Envolve tua forma em capa acinzentada,
    Tu, de astros enfeitada!
Cega os olhos do dia com esses teus cabelos;
Beija-o até vê-lo se extenuar,
Vaga depois sobre cidade, e terra, e mar,
Tocando tudo com a varinha opiada:
    Vem, ó há muito procurada!

III

Quando me levantei e a aurora vi,
    Suspirei por ti;
Quando a luz se elevou, o orvalho dissipado,
E caiu grave o meio-dia em flor ou árvore,
E se voltou para o repouso o dia fatigado,
Hesitando tal qual conviva indesejado,
    Suspirei por ti.

IV

Thy brother Death came, and cried,
　　Wouldst thou me?
Thy sweet child Sleep, the filmy-eyed,
Murmured like a noontide bee,
Shall I nestle near thy side?
Wouldst thou me?—And I replied,
　　No, not thee!

V

Death will come when thou art dead,
　　Soon, too soon —
Sleep will come when thou art fled;
Of neither would I ask the boon
I ask of thee, beloved Night —
Swift be thine approaching flight,
　　Come soon, soon!

IV

Chegou a morte, tua irmã, e aos brados:
    Tu me querias?
Teu doce filho, o Sono, olhos velados,
Murmurou como abelha à luz dos meios-dias:
    Devo aninhar-me ao lado teu?
Tu me querias? E eu lhe respondi:
    Não, não a ti.

V

Virá a Morte quando houveres ido,
    Logo, muito logo;
O Sono chegará quando tiveres te evadido;
A nenhum deles pediria eu nada
Do que te peço, ó Noite amada:
Veloz seja o teu voo para mim,
    Vem logo, logo!

LIBERTY

I

The fiery mountains answer each other;
    Their thunderings are echoed from zone to zone;
The empestuous oceans awake one another,
    And the ice-rocks are shaken round winter's zone
        When the clarion of the Typhoon is blown.   5

II

From a single cloud the lightning flashes,
    Whilst a thousand isles are illumined around,
Earthquake is trampling one city to ashes,
    An hundred are shuddering and tottering; the sound
        Is bellowing underground.   10

III

But keener thy gaze than the lightning's glare,
    And swifter thy step than the earthquake's tramp;
Thou deafenest the age of the ocean; thy stare
    Makes blind the volcanos; the sun's bright lamp
        To thine is a fen-fire damp.   15

IV

From billow and mountain and exhalation
    The sunlight is darted through vapour and blast;
From spirit to spirit, from nation to nation,
    From city to hamlet thy dawning is cast,—
And tyrants and slaves are like shadows of night   20
    In the van of the morning light.

LIBERDADE

I

Respondem um ao outro os montes incendiados;
    Trovões ecoam de região para região,
E os mares entre si se acordam, tempestuosos;
    Rochas de gelo abalam-se em redor do inverno,
    Quando ressoa a clarinada do tufão.

II

De uma nuvem lampeja o resplendor,
    Mil ilhas se iluminam em redor;
O terremoto calca em cinzas a cidade,
    Tremem cem outras, cambaleando estão,
    E a barulheira berra sob o chão.

III

Mais agudo que o do clarão é o teu relancear,
    Teu passo, mais veloz que o terremoto a se arrastar;
Ensurdeces a raiva do oceano; teu olhar
    Cega os vulcões; a clara lâmpada solar
    Perto da tua é o úmido fogo de paul.

IV

De vaga e serra e exalação
    A luz do sol vara vapor, vara lufada;
E de espírito a espírito, nação para nação,
    De urbe a vila se lança a tua madrugada —
Como sombras da noite são escravos e tiranos
    Ante a luz da manhã.

HYMN TO INTELLECTUAL BEAUTY

I

The awful shadow of some unseen Power
   Floats though unseen among us, — visiting
   This various world with as inconstant wing
As summer winds that creep from flower to flower, —
Like moonbeams that behind some piny   5
                  [mountain shower,
     It visits with inconstant glance
     Each human heart and countenance;
Like hues and harmonies of evening, —
     Like clouds in starlight widely spread, —
     Like memory of music fled, —   10
     Like aught that for its grace may be
Dear, and yet dearer for its mystery.

II

Spirit of Beauty, that dost consecrate
   With thine own hues all thou dost shine upon
   Of human thought or form, — where art thou gone?   15
Why dost thou pass away and leave our state,
This dim vast vale of tears, vacant and desolate?
     Ask why the sunlight not for ever
     Weaves rainbows o'er yon mountain-river,
Why aught should fail and fade that once is shown,   20
     Why fear and dream and death and birth
     Cast on the daylight of this earth
     Such gloom, — why man has such a scope
For love and hate, despondency and hope?

HINO À BELEZA INTELECTUAL 77

I

A tremenda sombra de uma força não visível
    Mesmo invisível entre nós flutua — a visitar
    O mundo com asa tão volúvel e sensível
Qual vento de verão de flor em flor a rastejar —;
5 Qual luar que chove atrás da serra de pinheiros
    Visita a sombra, com inconstante relancear,
    O coração dos homens, seus semblantes
                [passageiros;
Qual cores e harmonias de uma noite a principiar,
    Tal como à luz de estrelas muita nuvem espalhada,
10 Como a lembrança de uma música evolada,
    Tal como o que por sua graça possa ser amado
E pelo seu mistério ainda mais prezado.

II

Espírito do Belo, que consagras e que ungiste
    Tudo sobre o que brilhas, quer do pensamento
15 Humano quer da forma — para onde tu partiste?
Por que perpassas por, e deixas nosso aforamento,
Este vale de lágrimas, vazio e desolado?
    A luz do sol, por que não para eternamente
    Tece arco-íris no rio da montanha despenhado?
20 Por que murchar, passar o que já foi florente?
    Por que o temor e o sonho e a morte e o
                [nascimento
    Lançam na luz do dia desta terra, num momento,
    Tais tristezas? por que o homem tanto se abalança
Por ódio e amor, por desespero ou esperança?

III

No voice from some sublimer world hath ever
  To sage or poet these responses given —
  Therefore the names of Demon, Ghost, and Heaven,
Remain the records of their vain endeavour,
frail spells — whose uttered charm might not avail to 5
                                  [sever,
      From all we hear and all we see,
      Doubt, chance, and mutability.
Thy light alone — like mist oe'er the mountains driven,
      Or music by the night-wind sent
      Through strings of some still instrument, 10
      Or moonlight on a midnight stream,
Gives grace and truth to life's unquiet dream.

IV

Love, Hope, and Self-esteem, like clouds depart
    And come, for some uncertain moments lent.
    Man were immortal, and omnipotent, 15
Didst thou, unknown and awful as thou art,
Keep with thy glorious train firm state within his heart.
        Thou messgenger of sympathies,
        That wax and wane in lovers' eyes —
Thou — that to human thought art nourishment, 20
    Like darkness to a dying flame!
    Depart not as thy shadow came,
    Depart not — lest the grave should be,
Like life and fear, a dark reality.

III

Nenhuma voz de mundo mais sublime deu
    Jamais essas respostas nem a sábio nem a poeta
    — Portanto os nomes de demônio, alma, céu,
Permanecem registros de um esforço, não de meta.
Débeis palavras mágicas — o encanto seu não há de,
    De quanto vemos ou ouvimos, separar
    O acaso, a dúvida e a instabilidade.
Somente a luz — qual bruma nas montanhas a pairar
    E a música efundida por noturno vento
    A usar as cordas de algum tácito instrumento,
    Ou luar à meia-noite em águas de fugida
Dão graça e dão verdade ao sonho inquieto desta vida.

IV

Cedidos por alguns momentos, vão e vêm
    Como nuvens o anseio, a egolatria, o amor.
    Onipotente fora o homem, e imortal também,
Se ignota como és, e de inspirar temor,
Tu te firmasses dentro de seu coração.
    Mensageira que és de simpatia,
    Que aos olhos dos amantes cresces, diminuis,
Que para o pensamento humano és nutrição,
    Tal como as trevas para a chama que a morrer
                          [reluz.
    Não partas, que a tua sombra chegou fria,
    Não partas não, a menos que devesse a sepultura
Ser como a vida e o medo, realidade escura.

V

While yet a boy I sought for ghosts, and sped
　　Through many a listening chamber, cave and ruin,
　　And starlight wood, with fearful steps pursuing
Hopes of high talk with the departed dead.
I called on poisonous names with which our youth is fed;　5
　　　I was not heard — I saw them not —
　　　When musing deeply on the lot
Of life, at that sweet time when winds are wooing
　　　All vital things that wake to bring
　　　News of birds and blossoming, —　10
　　　Sudden, thy shadow fell on me;
I shrieked, and clasped my hands in ecstasy!

VI

I vowed that I would dedicate my powers
　　To thee and thine — have I not kept the vow?
　　With beating heart and streaming eyes, even now　15
I call the phantoms of a thousand hours
Each from his voiceless grave: they have
　　　　　　　　　　　[in visioned bowers
　　　Of studious zeal or love's delight
　　　Outwatched with me the envious night —
They know that never joy illumed my brow　20
　　　Unlinked with hope that thou wouldst free
　　　This world from its dark slavery,
　　　That thou — O awful Loveliness,
Wouldst give whate'er these words cannot express.

V

Quando menino procurei espíritos: corri
    Por muito quarto, e gruta, e ruína — só para
                   [escutar —
E bosque à luz de estrelas; temeroso persegui
A esperança de com os partidos mortos conversar.
Invoquei nomes de veneno, que a aprender nos dão;
    Não fui ouvido, nem ouvi também,
    Quando — pensando fundamente no quinhão
Da vida, a época em que os ventos a afagar estão
    Tudo o que de vital acorda para nos trazer
    Novidade das aves e do florescer —
    Tua sombra de súbito caiu em mim;
Gritei — e as mãos em êxtase apertei assim!

VI

Jurei que meus poderes eu iria dedicar
    A ti e aos teus — e a jura não guardei?
    Com o coração batendo e olhos a transbordar
Mesmo agora os fantasmas de mil horas invoquei
De sua muda tumba: em sítio imaginado
    De ardoroso entusiasmo ou de prazer de amor
    A noite ciosa eles contemplam a meu lado:
Nunca alegria tive nesta fronte de amargor
    Não unida à esperança de que livrarias
    Este mundo de sua negra escravidão,
    Que, ó terrível Beleza, tu então
O que as palavras não exprimem nos concederias.

VII

The day becomes more solemn and serene
    When noon is past — there is a harmony
    In autumn, and a lustre in its sky,
Which through the summer is not heard or seen,
As if it could not be, as if it had not been!   5
      Thus let thy power, which like the truth
      Of nature on my passive youth
Descended, to my onward life supply
      Its calm — to one who worships thee,
      And every form containing thee,   10
      Whom, Spirit fair, thy spells did bind
To fear himself, and love all human kind.

VII

Torna-se mais solene e mais sereno o dia
    Passado o meio-dia — no céu há um resplendor
    E se nota no outono uma harmonia
Que não é ouvida, nem o brilho visto, no calor,
Como se não houvera sido ou não pudera ser!
    Assim o teu poder — que tal como a verdade
    Da natureza em minha indiferente mocidade
Desceu — à minha vida em diante possa fornecer
    A sua calma — a uma pessoa que te adora
    Tal como o faz a tudo que te arvora,
    A qual, Espírito formoso, obriga teu encanto
A temer a si mesma, e a amar a humanidade — e quanto!

84 | HELLAS: CHORUS

Worlds on worlds are rolling ever
From creation to decay,
Like the bubbles on a river
[200]   Sparkling, bursting, borne away.
But they are still immortal   5
Who, through birth's orient portal
And death's dark chasm hurrying to and fro,
Clothe their unceasing flight
In the brief dust and light
Gathered around their chariots as they go;   10
New shapes they still may weave,
New Gods, new laws receive,
Bright or dim are they as the robes they last
On Death's bare ribs had cast.

A power from the unknown God,   15
A Promethean conqueror, came;
Like a triumphal path he trod
The thorns of death and shame.
[215]   A mortal shape to him
Was like the vapour dim   20
Which the orient planet animates with light;
Hell, Sin, and Slavery came,
Like bloodhounds mild and tame,
Nor preyed, until their Lord had taken flight;
The moon of Mahomet   25
Arose, and it shall set:
While blazoned as on Heaven's immortal noon
The cross leads generations on.

HELLAS: CORO | 85

Mundo sobre mundos sempre estão girando
   Desde a criação até o decair,
Como borbulhas num rio a fluir,
   Fervendo, rebentando, derivando.   [200]
5 Mas são sempre imortais
Os que através do nascimento a oriente
               [— esses portais —
E do abismo da morte zanzam apressados:
   Seu voo vestem, incessante,
   Com o leve pó e a luz triunfante,
10 Em torno de seus carros céleres, juntados;
   Novas formas podem inda eles tecer,
   Novas leis, novos deuses receber,
Brilhantes ou obscuras são as vestes suas,
   Que lançaram da morte nas costelas nuas.

15   Uma força do Deus desconhecido,
   Veio um conquistador igual a Prometeu;
Como pisando um triunfal caminho ele premeu
   Da morte e da vergonha muito espinho dolorido;
   Para ele um aspecto mortal   [215]
20   Era a escura neblina que o planeta oriental
Anima com clarão;
   Vieram Pecado, Inferno, e Escuridão;
   Como sabujos mansos, cheios de candor,
Não respiraram, até voar-lhes o Senhor.
25   A lua de Maomé
   Ergueu-se, mas vai pôr-se até;
Meio-dia imortal que no céu luz
   — Assim a dizem — gerações arrasta a cruz.

86 | Swift as the radiant shapes of sleep
From one whose dreams are Paradise
Fly, when the fond wretch wakes to weep,
And Day peers forth with her blank eyes;
So fleet, so faint, so fair, 5
[230] The Powers of earth and air
Fled from the folding-star of Bethlehem:
Apollo, Pan, and Love,
And even Olympian Jove
Grew weak, for killing Truth had glared on them; 10
Our hills and seas and streams,
Dispeopled of their dreams,
Their waters turned to blood, their dew to tears
Wailed for the golden years.

Rápidas como voam as formas fúlgidas do sonho | 87
    De alguém que sonha com o Paraíso
    Quando para chorar acorda o afeiçoado tristonho
    E com olhos pasmos surge o dia de improviso;
5   Tão lépidos, tão lânguidos, tão límpidos, do ar
      E da terra os poderes viram-se escapar,   [230]
Fugindo à estrela dobradiça de Belém;
      Fraco Apolo tornou-se, e Pã, e o Amor,
      E Zeus Olímpico também,
10 Que a Verdade assassina lhes mostrou seu resplendor;
      Desprovidos dos sonhos mesmo os mais
                   [prementes,
    Nossas colinas, mares e correntes,
Fizeram sangue suas águas, seu orvalho pranto,
      Chorado pelos anos de ouro e encanto.

STANZAS WRITTEN IN DEJECTION, NEAR NAPLES

I

The sun is warm, the sky is clear,
    The waves are dancing fast and bright,
Blue isles and snowy mountains wear
    The purple noon's transparent might,
The breath of the moist earth is light,
    Around its unexpanded buds;
Like many a voice of one delight,
    The winds, the birds, the ocean floods,
The City's voice itself, is soft like Solitude's.

II

I see the Deep's untrampled floor
    With green and purple seaweeds strown;
I see the waves upon the shore,
    Like light dissolved in star-showers, thrown:
I sit upon the sands alone;
    The lightning of the noontide ocean
Is flashing round me, and a tone
    Arises from it's measured motion,
How sweet! did any heart now share in my emotion.

III

Alas! I have nor hope nor wealth,
    Nor peace within nor calm around,
Nor that content surpassing wealth
    The sage in meditation found,
And walked with inward glory crowned —
    Nor fame, nor power, nor love, nor leisure.

ESTÂNCIAS ESCRITAS PERTO DE NÁPOLES, EM DEPRESSÃO

I

O céu está sem nuvens; o sol, quente;
    Dançam as ondas rápidas e luminosas,
Vestem, as ilhas azuis e as montanhas nevosas,
    Do meio-dia rubro a força transparente,
Leve é o sopro que a terra faz se erguer
    Em torno a seus botões ainda não desabrochados;
Tais como vozes múltiplas de um só prazer,
Os ventos, pássaros, o mar de impulsos ondulados,
Como a da solidão é branda a voz desta cidade.

II

Eu vejo o fundo não pisado deste mar
    Coberto de algas verdes ou apurpuradas;
Eu vejo as ondas sobre a praia arremessadas
    Como luz dissolvida em chuva constelar;
Nas areias sozinho vejo-me sentado
    — A luz do mar do meio-dia
Está brilhando ao meu redor, e uma harmonia
    Levanta-se de seu mover-se compassado.
Que doce! agora esta emoção todos compartilhariam.

III

Ai! não tenho esperança nem saúde, não,
    Nem paz em mim nem calma em derredor,
Nem o contentamento — da riqueza vencedor —
    Que o sábio achou na reflexão
E caminhou com glória interna coroado,
    Não de ócio nem de amor, de fama nem poder.

Others I see whom these surround —
Smiling they live, and call life pleasure;
To me that cup has been dealt in another measure,

IV

Yet now despair itself is mild,
Even as the winds and waters are;
I could lie down like a tired child,
And weep away the life of care
Which I have borne and yet must bear,
Till death like sleep might steal on me,
And I might feel in the warm air
My cheek grow cold, and hear the sea
Breathe o'er my dying brain in its last monotony.

V

Some might lament that I were cold,
As I, when this weet day is gone,
Which my lost heart, too soon grown old,
Insults with this untimely moan;
They might lament — for I am one
Whom men love not, — and yet regret,
Unlike this day, which, when the sun
Shall on its stainless glory set,
Will linger, though enjoyed, like joy in memory yet.

Outros eu vejo de quem tudo isso fica ao lado,
　　Vivem a rir e a vida chamam de prazer;
Foi-me essa taça dada com medida diferente.

IV

Agora até a desesperança é moderada,
　　Como os ventos e as águas brandos são;
Eu podia deitar-me como criança fatigada
　　E chorar sempre a vida de preocupação
Que suportei e devo ainda suportar
　　Até que a morte como o sono me acalente
E possa eu sentir no ar quente
　　A face ficar fria, e ouvir o mar
A murmurar-me sobre a fronte a última insipidez.

V

Uns poderiam lamentar quando estivesse eu frio;
　　Assim lamentarei quando este dia tiver ido,
O qual meu coração sem norte, cedo envelhecido,
　　Insulta com queixume intempestivo e malsadio.
Bem poderiam lamentar, pois sou alguém
　　De que os homens não gostam — mas se
　　　　　　　　　　[põem a lastimar,
Diversamente deste dia, o qual, quando o sol vem,
　　Em sua imaculada glória, agonizar,
Fruído embora, tardará, alegria na lembrança.

WINE OF THE FAIRIES

I am drunk with the honey wine
Of the moon-unfolded eglantine,
Which fairies catch in hyacinth bowls.
The bats, the dormice, and the moles
Sleep in the walls or under the sward   5
Of the desolate castle yard;
And when 'tis spilt on the summer earth
    Or its fumes arise among the dew,
Their jocund dreams are full of mirth,
    They gibber their joy in sleep; for few   10
    Of the fairies bear those bowls so new!

VINHO DAS FADAS

Do méleo vinho da eglantina ébrio eu estou,
Da eglantina que a lua descerrou,
E em copos de jacinto as fadas guardam, Feiticeiras.
Os arganazes, os morcegos, as toupeiras
Dormem nos muros, dormem no relvado
Do castelo, de seu terreiro desolado.
Se o vinho é partilhado sobre a terra de verão
   Ou seus vapores entre o orvalho erguer-se vão,
E o sonho das fadas cheio de alegria,
   E júbilo no sono cada uma algaravia;
   Esses copos tão novos poucas fadas trazem!

94 | TO A SKYLARK

Hail to thee, blithe Spirit!
    Bird thou never wert —
That from Heaven or near itor near it
    Pourest thy full heart
In profuse strains of unpremeditated art.   5

Higher still and higher
    From the earth thou springest,
Like a cloud of fire;
    The blue deep thou wingest,
And singing still dost soar, and soaring ever singest.   10

In the golden lightning
    Of the sunken sun,
O'er which clouds are bright'ning,
    Thou dost float and run,
Like an unbodied joy whose race is just begun.   15

The pale purple even
    Melts around thy flight;
Like a star of Heaven,
    In the broad daylight
Thou art unseen, but yet I hear thy shrill delight —   20

Keen as are the arrows
    Of that silver sphere
Whose intense lamp narrows
    In the white dawn clear,
Until we hardly see, we feel that it is there.   25

A UMA COTOVIA

Salve, espírito contente!
   Pássaro nunca foste, certamente;
Do Paraíso, ou a tocá-lo de raspão
   Derramas o teu pleno coração
Em melodias de arte não premeditada.

Voando mais alto e cada vez acima,
   Deixas da terra o clima
Como nuvem de fogo;
   O mar azul percorres logo;
Cantando voas alto, e voando sempre cantas.

No relâmpago dourado
   Do sol tombado,
Sobre o qual as nuvens brilham nuas,
   Vagas e flutuas
— Alegria incorpórea a principiar corrida.

A tarde púrpura palente
   Funde-se em torno de teu voo ardente;
Como estrela noturna
   Na vasta luz diurna,
És invisível, mas eu te ouço a voz aguda.

Penetrante como é a muita seta
   Da esfera de prata seleta
Cuja lâmpada forte se reduz
   Na claridade da alvorada que reluz,
Até mal vermos — nós sentimo-la, está lá!

All the earth and air
        With thy voice is loud,
    As, when night is bare,
        From one lonely cloud
The moon rains out her beams, and Heaven is overflowed.   5

    What thou art we know not;
        What is most like thee?
    From rainbow clouds there flow not
        Drops so bright to see,
As from thy presence showers a rain of melody: —   10

    Like a Poet hidden
        In the light of thought,
    Singing hymns unbidden,
        Till the world is wrought
To sympathy with hopes and fears it heeded not: 15

    Like a high-born maiden
        In a palace-tower,
    Soothing her love-laden
        Soul in secret hour
With music sweet as love, which overflows her bower: 20

    Like a glow-worm golden
        In a dell of dew,
    Scattering unbeholden
        Its aërial hue
Among the flowers and grass which screen   25
                    [it from the view!

Sonoros ficam terra e ar
        Com tua voz a soar,
    Como, quando a noite está sozinha,
    De uma solitária nuvenzinha
5   Chove a lua seus raios e se inunda o céu.

    Quem és que não sabemos?
        Mais igual a ti o que acharemos?
    Das nuvens com arco-íris não podem chover
        Gotas tão brilhantes para ver
10 Quanto de ti uma chuva cai de melodia.

    Como um poeta se oculta e ganha alento
        Na luz do pensamento,
    E hinos espontâneos cantando
        O mundo à simpatia vai levando
15 Com medo e esperanças de que não cuidava;

    Como uma virgem muito bem nascida
        Em torre de palácio protegida
    Conforta a alma de amor repleta,
        Numa hora secreta,
20 Com música tão doce como o amor, a qual se espraia;

    Como um vaga-lume dourado
        Num valezinho orvalhado
    Despercebido espalha o ardor
        De sua etérea cor
25 Entre as flores e a grama, que da vista o escondem;

Like a rose embowered
    In its own green leaves,
By warm winds deflowered,
    Till the scent it gives
Makes faint with too much sweet these heavy-wingèd   5
                [thieves:

Sound of vernal showers
    On the twinkling grass,
Rain-awakened flowers
    All that ever was
Joyous and clear and fresh — thy music doth surpass.   10

Teach us, Sprite or Bird,
    What sweet thoughts are thine:
I have never heard
    Praise of love or wine
That panted forth a flood of rapture so divine.   15

Chorus hymeneal,
    Or triumphal chant,
Matched with thine would be all
    But an empty vaunt,
A thing wherein we feel there is some hidden want.   20

What objects are the fountains
    Of thy happy strain?
What fields, or waves, or mountains?
    What shapes of sky or plain?
What love of thine own kind? what ignorance of pain?   25

Como uma rosa que se acama
    Em sua verde rama
Por ventos quentes esfolhada,
    Até que esses ladrões de asa pesada
Enlanguesçam com o aroma que ela exala;

O som dos aguaceiros de verão
    Na relva cheia de faiscação,
As flores despertadas pela chuva fria,
    Tudo o que alegre e fresco foi um dia,
E luminoso, tua música o ultrapassa:

Ensina-nos, Espírito ou Ave de luz,
    Que doces pensamentos são os que possuis;
Eu nunca ouvi nenhum louvor
    Ou do vinho ou do amor
Que um dilúvio de enlevo tão divino derramasse.

Canto triunfal ou coro de himeneu
    Comparados ao canto teu
Seriam simples fanfarrice,
    Algo no qual bem se sentisse
Que uma oculta falha existe.

Que coisas fontes são
    De tua feliz canção?
Que campos, ondas, ou que montes?
    Que formas de céu ou de horizontes?
Que amor da própria espécie? que esquecer a dor?

With thy clear keen joyance
    Languor cannot be:
Shadow of annoyance
    Never came near thee:
Thou lovest, but ne'er knew love's sad satiety.   5

Waking or asleep,
    Thou of death must deem
Things more true and deep
    Than we mortals dream,
Or how could thy notes flow in such a crystal stream?   10

We look before and after,
    And pine for what is not:
Our sincerest laughter
    With some pain is fraught;
Our sweetest songs are those that tell of saddest thought.   15

Yet, if we could scorn
    Hate and pride and fear,
If we were things born
    Not to shed a tear,
I know not how thy joy we ever should come near.   20

Better than all measures
    Of delightful sound,
Better than all treasures
    That in books are found,
Thy skill to poet were, thou scorner of the ground!   25

Teu regozijo agudo e luminoso
      não pode ser nada de langoroso:
Sombra de aborrecimento
      Nunca tiveste um só momento:
5 Amas — sem conhecer do amor a saciedade.

Vígil ou dormindo
      Da morte podes bem estar intuindo
Coisas mais profundas e reais
      Do que sonhamos nós, mortais;
10 Ou como cantarias com esse fluxo de cristal?

Antes e depois olhamos
      E pelo que não é ansiamos:
Nossa risada mais sincera
      Enche-a alguma dor vera:
15 Nosso mais doce canto é o de mais triste pensamento.

Pudéssemos escarnecer
      O ódio, o orgulho, e temor não ter;
Criaturas fôssemos nascidas
      Para não termos lágrimas vertidas,
20 Tua alegria ainda assim não roçaríamos.

Melhor que todas as medidas
      Das cadências com prazer sentidas,
Melhor do que toda a riqueza
      Que os livros nos fornecem com certeza,
25 Para o poeta seria a tua arte, tu que ris do chão!

Teach me half the gladness
    That thy brain must know;
Such harmonious madness
    From my lips would flow,
The world should listen then, as I am listening now.   5

Ensina-me tão só metade do prazer
    Que o teu cérebro deve conhecer:
De meus lábios sairia
    Tal loucura tão cheia de harmonia
5   Que o mundo me ouviria, como eu te ouço agora.

LINES WRITTEN IN THE BAY OF LERICI

She left me at the silent time
When the moon had ceased to climb
The azure path of Heaven's steep,
And like an albatross asleep,
Balanced on her wings of light,   5
Hovered in the purple night,
Ere she sought her ocean nest
In the chambers of the West.
She left me, and I stayed alone
Thinking over every tone   10
Which, though silent to the ear,
The enchanted heart could hear,
Like notes which die when born, but still
Haunt the echoes of the hill;
And feeling ever — oh, too much! —   15
The soft vibration of her touch,
As if her gentle hand, even now,
Lightly trembled on my brow;
And thus, although she absent were,
Memory gave me all of her   20
That even Fancy dares to claim:—
Her presence had made weak and tame
All passions, and I lived alone
In the time which is our own;
The past and future were forgot,   25
As they had been, and would be, not.
But soon, the guardian angel gone,
The daemon reassumed his throne
In my faint heart. I dare not speak
My thoughts, but thus disturbed and weak 30

VERSOS ESCRITOS NA BAÍA DE LERICI

Ela no tempo quieto veio a me deixar
Em que cessava a lua de escalar
A senda íngreme do céu, azul garrido,
E como um albatroz adormecido,
5   Equilibrado em suas asas de luz fina,
Paira esse astro na noite purpurina
Antes de procurar o seu equóreo ninho
Nas câmaras do Oeste. Então sozinho
Ela deixou-me e só, permaneci
10   E a meditar em cada som me vi
Que embora silencioso para o ouvido
No coração podia ser sentido:
Notas que morrem quando nascem, todavia
Enchem os ecos da colina fria;
15   E a sentir sempre — oh, em demasia! —
Dos dedos dela a vibração macia,
Como se, mesmo agora, a sua mão dolente
Tremesse em minha fronte suavemente;
E assim, embora ela estivesse ausente,
20   Dela deu-me a memória prestadia
O que ousa reclamar a própria Fantasia:
Fizera sua presença fracas e serenas
As paixões todas, e eu vivia apenas
No tempo nosso, no momento puro,
25   Esquecidos passado e mais futuro
Como não mais seriam, como haviam sido.
Mas logo, o anjo da guarda tendo-se ido,
Reassumi-me o demônio o trono de poder
No débil coração. Eu não ousei dizer
30   Os pensamentos; porém fraco e perturbado

106 | I sat and saw the vessels glide
Over the ocean bright and wide,
Like spirit-winged chariots sent
O'er some serenest element
For ministrations strange and far; 5
As if to some Elysian star
Sailed for drink to medicine
Such sweet and bitter pain as mine.
And the wind that winged their flight
From the land came fresh and light, 10
And the scent of winged flowers,
And the coolness of the hours
Of dew, and sweet warmth left by day,
Were scattered o'er the twinkling bay.
And the fisher with his lamp 15
And spear about the low rocks damp
Crept, and struck the fish which came
To worship the delusive flame.
Too happy they, whose pleasure sought
Extinguishes all sense and thought 20
Of the regret that pleasure leaves,
Destroying life alone, not peace!

Sentei-me e vi os navios pelo dilatado
E brilhante oceano a deslizar
Como carros de alado espírito a voar
Sobre um dos elementos mais do que sereno
5   Para missões de estranho e de longínquo aceno:
Como se para alguma elísia estrela,
Para tomá-la qual poção fizesse vela
Dor amarga e tão doce como a minha dor.
E o vento que no voo deles asas veio pôr
10 Chegou da terra fresco e leve
E das flores aladas o perfume breve
E das horas de orvalho a cinza fria,
E o suave calor deixado pelo dia
Se espalhavam na luz que tremulava,
15 E o pescador — lanterna e espeto ele os usava —
Se arrastou pelo baixo e úmido penedio
E golpeou o peixe que arredio
Viera adorar a delusória chama.
Felizes quanto o prazer, se procurado,
20 Extingue-lhes o senso, e o pensamento, ao lado,
Da saudade deixada pelo gozo
E que destrói a vida só, não o repouso!

108 | EPIPSYCHIDION

[PASSAGE]

Emily,
A ship is floating in the harbour now,
A wind is hovering o'er the mountain's brow;

[410]   There is a path on the sea's azure floor,
No keel has ever plough'd that path before;   5
The halcyons brood around the foamless isles;
The treacherous Ocean has forsworn its wiles;
The merry mariners are bold and free:
Say, my heart's sister, wilt thou sail with me?
Our bark is as an albatross, whose nest   10
Is a far Eden of the purple East;
And we between her wings will sit, while Night,
And Day, and Storm, and Calm, pursue their flight,
Our ministers, along the boundless Sea,
Treading each other's heels, unheededly.   15
It is an isle under Ionian skies,
Beautiful as a wreck of Paradise,
And, for the harbours are not safe and good,
This land would have remain'd a solitude
But for some pastoral people native there,   20
Who from the Elysian, clear, and golden air
Draw the last spirit of the age of gold,
Simple and spirited; innocent and bold.

[430]   The blue Aegean girds this chosen home,
With ever-changing sound and light and foam,   25
Kissing the sifted sands, and caverns hoar;
And all the winds wandering along the shore
Undulate with the undulating tide:

EPIPSYCHIDION

[Excerto]

Emília,
Um navio flutua agora na enseada,
Um vento paira sobre os montes, na cumeada;
Há um caminho no pavimento azul do céu, [410]
5 Quilha nenhuma este caminho antes venceu;
Chocam alciões em torno às ilhas sem espuma;
O oceano abjurou os dolos que costuma;
Os marujos são livres, e arrojados são;
Velejarás comigo, irmã do coração?
10 O nosso barco é um albatroz, e o ninho seu
É um éden do oriente que empurpureceu;
Pousemos-lhe entre as asas, quando Noite e Dia
Prosseguem voo, e a Tempestade, e a Calmaria,
Nossos ministros, sobre o mar ilimitado
15 Pisam o calcanhar um do outro, sem cuidado.
Bem debaixo do céu da Jônia unia ilha vela,
Qual resto de naufrágio do Paraíso bela;
E porque as enseadas sejam más e não seguras,
Conheceria a solidão e suas agruras,
20 não fosse um povo pastoril dali nativo,
Que do ar elísio e resplendente e de ouro vivo
Respira o último espírito da áurea idade,
Simples mas animado; audaz e sem maldade.
A azul Egeu circunda esse lar de eleição, [430]
25 Com som sempre mudando, espumas e clarão,
Beijando a areia fina e as furnas a alvejar;
E os ventos todos pela praia a vaguear
Ondulam como as vagas que a ondular se agitam:

110 | There are thick woods where sylvan forms abide;
And many a fountain, rivulet and pond,
As clear as elemental diamond,
Or serene morning air; and far beyond,
The mossy tracks made by the goats and deer 5
(Which the rough shepherd treads but once a year)
Pierce into glades, caverns and bowers, and halls
Built round with ivy, which the waterfalls
Illumining, with sound that never fails
Accompany the noonday nightingales; 10
And all the place is peopled with sweet airs;
The light clear element which the isle wears
Is heavy with the scent of lemon-flowers,
Which floats like mist laden with unseen showers,
And falls upon the eyelids like faint sleep; 15
[450] And from the moss violets and jonquils peep
And dart their arrowy odour through the brain
Till you might faint with that delicious pain.
And every motion, odour, beam and tone,
With that deep music is in unison: 20
Which is a soul within the soul — they seem
Like echoes of an antenatal dream.
It is an isle 'twixt Heaven, Air, Earth and Sea,
Cradled and hung in clear tranquillity;
Bright as that wandering Eden Lucifer, 25
Wash'd by the soft blue Oceans of young air.
It is a favour'd place. Famine or Blight,
Pestilence, War and Earthquake, never light

Faunos silvestres na floresta espessa habitam;
Muita lagoa existe e arroio e manancial
Tão claros como o diamante elemental
Ou o ar sereno da manhã; e muito além
5   Musgosas trilhas de cabras e gamos vêm
(Uma só vez por ano as seguem os pastores)
Dar em caramanchões, cavernas, corredores
Construídos com hera; os saltos d'água os alumiando
Com um som que nunca falha, vão acompanhando
10 Os rouxinóis ao meio-dia em seus cantares;
Todo o lugar povoa-se de doces ares;
O ambiente leve e claro de que a ilha é mansão
Pesa com o grave odor das flores de limão
Que paira, névoa cheia de chuva invisível
15 E cai nas pálpebras, qual sono perceptível;
Violetas e junquilhos dentre o musgo espreitam   [450]
E odor qual seta ou dardo em nossa mente deitam
Até quase esmaiardes com essa doce dor.
E cada movimento, e luz, e tom, e odor,
20 Com aquela grave música está em união
Que é uma alma dentro da alma — aparentando estão
Ecos de um sonho pré-natal, bem anterior. —
E uma ilha entre Céu, Mar, Terra, Ar embalada
E num sossego luminoso projetada;
25 Luzente como o Éden Lúcifer a errar,
Lavada pelo Oceano azul do jovem ar.
Murcha ou escassez — é uma favorecida terra —
A Pestilência, o Terremoto, mesmo a Guerra

112 | Upon its mountain-peaks; blind vultures, they
Sail onward far upon their fatal way:
The wingèd storms, chanting their thunder-psalm
To other lands, leave azure chasms of calm
Over this isle, or weep themselves in dew,   5
From which its fields and woods ever renew
Their green and golden immortality.
[470] And from the sea there rise, and from the sky
There fall, clear exhalations, soft and bright,
Veil after veil, each hiding some delight,   10
Which Sun or Moon or zephyr draw aside,
Till the isle's beauty, like a naked bride
Glowing at once with love and loveliness,
Blushes and trembles at its own excess:
Yet, like a buried lamp, a Soul no less   15
Burns in the heart of this delicious isle,
An atom of th' Eternal, whose own smile
Unfolds itself, and may be felt not seen
O'er the gray rocks, blue waves and forests green,
Filling their bare and void interstices.   20
But the chief marvel of the wilderness
Is a lone dwelling, built by whom or how
[485] None of the rustic island-people know:
'Tis not a tower of strength, though with its height
It overtops the woods; but, for delight,   25
Some wise and tender Ocean-King, ere crime
Had been invented, in the world's young prime,
Rear'd it, a wonder of that simple time,

Não pousam em seus píncaros; abutres cegos, 113
Velejam para longe em seus fatais navegos.
As procelas, entoando o salmo do trovão
Alhures, deixam hiato azul de quietação
5 Sobre essa ilha, ou choram, fazem-se rocio
Com o qual bosques e selvas dão constante brio
A sua imortalidade verde e redourada.
E do mar ergue-se, e do céu cai delicada [470]
Múltipla exalação, límpida, a resplender,
10 Véu após véu; cada um esconde algum prazer
Que apartam ou o zéfiro, ou o Sol, a Lua,
Até a beleza da ilha, como noiva nua,
Enrubescer a um tempo só de amor e encanto,
Corar com seu excesso e estremecer: no entanto,
15 Como enterrada lâmpada, uma Alma brilha
No coração desta deliciosa ilha,
Um átomo do Eterno: seu sorrir contido
Desponta e sem ser visto pode ser sentido
Nas serras e ondas e rochedos alvadios,
20 Enchendo-lhes os interstícios nus, vazios.
Porém desse rincão a grande maravilha
É uma morada solitária: construída
Por quem ou como, eis dos ilhéus, coisa insabida; [485]
Não é uma torre forte, embora com sua altura
25 Exceda a mata; mas, para se dar doçura,
Antes de, novo o mundo, o crime se inventar,
Ergueu-a algum prudente e terno Rei do Mar:
Glória de um tempo simples veio a se tornar,

114

An envy of the isles, a pleasure-house
Made sacred to his sister and his spouse.
It scarce seems now a wreck of human art,
But, as it were, Titanic; in the heart
Of Earth having assum'd its form, then grown   5
Out of the mountains, from the living stone,
Lifting itself in caverns light and high:
For all the antique and learned imagery
Has been eras'd, and in the place of it
[500] The ivy and the wild-vine interknit   10
The volumes of their many-twining stems;
Parasite flowers illume with dewy gems
The lampless halls, and when they fade, the sky
Peeps through their winter-woof of tracery
With moonlight patches, or star atoms keen,   15
Or fragments of the day's intense serene;
Working mosaic on their Parian floors.
And, day and night, aloof, from the high towers
And terraces, the Earth and Ocean seem
To sleep in one another's arms, and dream   20
Of waves, flowers, clouds, woods, rocks, and all that we
Read in their smiles, and call reality.
This isle and house are mine, and I have vow'd
Thee to be lady of the solitude.
And I have fitted up some chambers there   25
Looking towards the golden Eastern air,
And level with the living winds, which flow
Like waves above the living waves below.

Inveja para as ilhas, casa deliciosa | **115**
Sagrada para a irmã do Rei, para sua esposa.
Parece a custo agora um resto de arte humana,
Mas obra de titãs; no coração da ufana
5 Terra tendo assumido forma, e então crescido
Nas montanhas, da pedra viva, com o sentido
De levantar cavernas claras e elevadas:
Antigas e eruditas, foram apagadas
As figurações todas, e no seu lugar
10 Notam-se a hera e a vinha brava entrelaçar   [500]
As voltas de seus caules, multiduplicadas;
Parasitas clareiam, gemas orvalhadas,
Salas sem lâmpada, e, murchando, o firmamento
Olha através do seu hiemal rendilhamento.
15 Com retalhos de luar ou pontos estelares
Ou pedaços do dia em quietos rebrilhares,
Fabricando mosaico em seus pisos de Paros.
E dia e noite, ao longe, nos torreões preclaros
E terraços, dormir parecem Terra e Mar
20 Entrelaçados em seus braços; a sonhar
Com ondas e nuvens, matas e a totalidade
Do que lhes vemos no sorriso — a realidade.
Minhas são ilha e casa, e fiz o juramento
De seres a senhora desse isolamento.
25 E ali uns aposentos decidi aprontar,
Os quais olham para o ar do poente, áureo ar,
E estão a par dos ventos vivos que circulam
Como ondas sobre as ondas que lá embaixo ondulam.

116 I have sent books and music there, and all
Those instruments with which high Spirits call
The future from its cradle, and the past
Out of its grave, and make the present last
In thoughts and joys which sleep, but cannot die, 5
Folded within their own eternity.

[525] Our simple life wants little, and true taste
Hires not the pale drudge Luxury to waste
The scene it would adorn, and therefore still,
Nature with all her children haunts the hill. 10
The ring-dove, in the embowering ivy, yet
Keeps up her love-lament, and the owls flit
Round the evening tower, and the young stars glance
Between the quick bats in their twilight dance;
The spotted deer bask in the fresh moonlight 15
Before our gate, and the slow, silent night
Is measur'd by the pants of their calm sleep.
Be this our home in life, and when years heap
Their wither'd hours, like leaves, on our decay,
Let us become the overhanging day, 20
The living soul of this Elysian isle,

[540] Conscious, inseparable, one. Meanwhile

— Mandei música e livros para lá e também | **117**
Os meios com que altos Espíritos obtêm
O porvir de seu berço e tiram o passado
Do túmulo, e o presente põem-no continuado
5 Em pensares que dormem, porém sem morrer,
Pois sua eternidade é que os vem a envolver.
Quer pouco a vida simples, e o gosto exemplar [525]
Não paga ao Luxo pálido para estragar
A cena por ornar, portanto habitam inda
10 A Natureza e filhos a montanha linda.
Na hera que sombreia, o pombo inda mantém
Seu lamento de amor, e voar os mochos vêm
Em torno à torre, e muita estrela olhares lança
Entre os morcegos do crepúsculo em sua dança;
15 Aquece-se o mosqueado cervo ao fresco luar
Diante de nossa porta, e a noite, devagar,
É medida com o arfar de sono tão sereno.
Quando o tempo — seja este o nosso lar terreno —
Empilhar horas murchas em nossa invernia
20 Que nós nos transformemos no suspenso dia,
Na alma viva desta ilha elísia, ilha de encanto,
Conscientes, sempre unidos, somente um. No entanto [540]

118

[544]

We two will rise, and sit, and walk together,
Under the roof of blue Ionian weather,
And wander in the meadows, or ascend
The mossy mountains, where the blue heavens bend
With lightest winds, to touch their paramour;   5
Or linger, where the pebble-paven shore,
Under the quick, faint kisses of the sea,
Trembles and sparkles as with ecstasy —
Possessing and possess'd by all that is
Within that calm circumference of bliss,   10
And by each other, till to love and live
Be one: or, at the noontide hour, arrive
Where some old cavern hoar seems yet to keep
The moonlight of the expir'd night asleep,
Through which the awaken'd day can never peep;   15
A veil for our seclusion, close as night's,
Where secure sleep may kill thine innocent lights;
Sleep, the fresh dew of languid love, the rain
Whose drops quench kisses till they burn again.

. . . .

Nós dois nos sentaremos, ou a caminhar
Por sob o teto azul do tempo jônio, a errar
Iremos dar conosco, a errar pela campina,
Ou a subir montanhas, onde o céu se inclina
5 Com os ventos leves, para ir tocar a amada;
Tardemos, onde a praia, de seixos calçada,
Sob os rápidos beijos tímidos do mar
Como em êxtase treme e põe-se a espumejar
— Possuindo e possuídos nós por tudo aquilo
10 Que se acha neste círculo feliz, tranquilo,
E um pelo outro, até ser um viver e amar: —
Ou, quando for o meio-dia, então chegar
Aonde o brancor da velha furna inda guardar,
Dormindo, de uma noite que expirou, o luar,
15 De que, através, o dia jamais pode espiar;
Véu denso como a noite para nossa ausência,
Com o qual te anule o sono a cândida consciência;
Sono, o orvalho do langue amor, a chuva abluente
Que apaga os beijos até que ardam novamente.
. . . .

120 | ADONAIS: AN ELEGY ON THE DEATH OF JOHN

I

I weep for Adonais — he is dead!
O, weep for Adonais! though our tears
Thaw not the frost which binds so dear a head!
And thou, sad Hour, selected from all years
To mourn our loss, rouse thy obscure compeers,   5
And teach them thine own sorrow, say: "With me
Died Adonais; till the Future dares
Forget the Past, his fate and fame shall be
An echo and a light unto eternity!"

II

Where wert thou, mighty Mother, when he lay,   10
When thy Son lay, pierced by the shaft which flies
In darkness? where was lorn Urania
When Adonais died? With veiled eyes,
Mid listening Echoes, in her Paradise
She sate, while one, with soft enamoured breath,   15
Rekindled all the fading melodies
With which, like flowers that mock the corse beneath,
He had adorned and hid the coming bulk of death.

ADONAIS: ELEGIA PELA MORTE DE JOHN KEATS

I

Choro por Adonais! Choro, que ele morreu!
Chorai por Adonais! O pranto vosso e meu
Em sua fronte não derreta a geada embora!
E tu — eleita dentre os anos, triste Hora,
Para prantear tal perda — a tuas irmãs obscuras
Dize, e a melancolia tua lhes ensina:
"Eu levei Adonais; até as eras futuras
O passado esquecerem, sua fama e sina
Serão um eco — e luz — que à eternidade se destina!"

II

Onde eras, forte Mãe, quando ele adormeceu
E a seta que nas trevas voa se embebeu
Em teu filho? A infeliz Urânia onde ia estar
Quando Adonais morreu? Com seu vendado olhar,
Lá no seu Éden, entre mais de um Eco atento
Ela sentava; um destes, com paixão no alento,
As melodias que se esvaem reanimou,
Com as quais, flores a rir de um corpo macilento,
O vulto próximo da Morte outrora ele ocultou.

III

Oh, weep for Adonais — he is dead!
Wake, melancholy Mother, wake and weep!
Yet wherefore? Quench within their burning bed
Thy fiery tears, and let thy loud heart keep
Like his, a mute and uncomplaining sleep;   5
For he is gone, where all things wise and fair
Descend; — oh, dream not that the amorous Deep
Will yet restore him to the vital air;
Death feeds on his mute voice, and laughs at our despair.

IV

Most musical of mourners, weep again!   10
Lament anew, Urania! — He died,
Who was the Sire of an immortal strain,
Blind, old, and lonely, when his country's pride,
The priest, the slave, and the liberticide
Trampled and mocked with many a loathed rite   15
Of lust and blood; he went, unterrified,
Into the gulf of death; but his clear Sprite
Yet reigns o'er earth; the third among the sons of light.

III

Ele morreu, morreu! Chorai por Adonais!
Acorda, triste Mãe, acorda e esvai-te em ais!
Mas para quê? Apaga em seu fervente leito
Teu pranto em fogo, e o coração a soar no peito
5 Um sono guarde igual ao dele, silencioso;
Que ele se foi aonde vão sábio e formoso;
Oh, não sonhes que o Abismo, sendo-lhe amoroso,
Inda o restaure para o ar vital, oh não;
De sua mudez nutre-se a Morte, e ri-nos da aflição.

IV

10 Tu, a mais harmoniosa das que choram, chora!
Urânia, ele morreu! Volta a chorar agora,
Ele, o monarca de uma raça imorredoura,
Cego e ancião, quando o brio que sua pátria doura,
O clero, o escravo, o destruidor da liberdade,
15 Pisaram-na, zombando com ritual odiado
De cio e sangue; o vórtice da morte, ousado,
Buscou; mas seu Espírito de claridade
Reina inda na terra; o terceiro pela luz gerado.

V

Most musical of mourners, weep anew!
Not all to that bright station dared to climb;
And happier they their happiness who knew,
Whose tapers yet burn through that night of time
In which suns perished; others more sublime,   5
Struck by the envious wrath of man or god,
Have sunk, extinct in their refulgent prime;
And some yet live, treading the thorny road
Which leads, through toil and hate, to Fame's
[serene abode.

VI

But now, thy youngest, dearest one, has perished —   10
The nursling of thy widowhood, who grew,
Like a pale flower by some sad maiden cherished,
And fed with true-love tears, instead of dew;
Most musical of mourners, weep anew!
Thy extreme hope, the loveliest and the last,   15
The bloom, whose petals nipped before they blew
Died on the promise of the fruit, is waste;
The broken lily lies — the storm is overpast.

V

Tu, a mais harmoniosa das que choram; chora!
Subir poucos ousaram a esse brilho em fora,
E mais felizes os que viram sua ventura:
No tempo-noite em que morreram sóis, fulgura
O seu archote; outros, mais alevantados,
Pela ira ciosa de homem ou de deus golpeados,
Ei-los na luz da juventude soçobrados;
E inda alguns vivem, a pisar a rude estrada
Que leva, entre fadiga e ódio, à Fama sossegada.

VI

Morto o que era o mais jovem e querido teu!
Tua viuvez amamentou-o e ele cresceu
Qual débil flor que triste moça fez abrir
E que pranto de amante fiel soube nutrir;
Mais harmoniosa das que choram, chora ainda!
Tua extrema esperança, a última e a mais linda,
A flor de pétalas queimadas sem abrir-se,
Em promessa de fruto veio a consumir-se;
Jaz o lírio partido — a tempestade já está finda.

VII

To that high Capital, where kingly Death
Keeps his pale court in beauty and decay,
He came; and bought, with price of purest breath,
A grave among the eternal. — Come away!
Haste, while the vault of blue Italian day   5
Is yet his fitting charnel-roof! while still
He lies, as if in dewy sleep he lay;
Awake him not! surely he takes his fill
Of deep and liquid rest, forgetful of all ill.

VIII

He will awake no more, oh, never more! —   10
Within the twilight chamber spreads apace
The shadow of white Death, and at the door
Invisible Corruption waits to trace
His extreme way to her dim dwelling-place;
The eternal Hunger sits, but pity and awe   15
Soothe her pale rage, nor dares she to deface
So fair a prey, till darkness, and the law
Of change, shall o'er his sleep the mortal curtain draw.

VII

À capital soberba onde mantém a Morte
Em bela decadência a palidez da corte,
Ele chegou, comprando com o mais puro alento
Um túmulo entre os imortais. — Parti, é o momento!
Depressa, enquanto o dia azul, domo da Itália,
Ainda é a cripta mais perfeita que o amortalha!
Enquanto ele inda jaz e como um sono o orvalha,
Não o acordeis! Certo ele toma dose ideal
De fundo e nítido repouso, e esquece todo mal.

VIII

Oh nunca mais, ele não mais vai acordar!
Corre veloz na câmara crepuscular
Sombra de branca Morte, e à porta a Corrupção,
Não vista, espera para à escura habitação
Da morte empreender o extremo caminhar;
Senta-se a eterna Fome, mas pavor e compaixão
Abrandam-lhe o furor; nem ousa ela enfear
Presa tão bela, até que a treva e a lei fatal
Da mudança lhe puxem sobre o sono o véu mortal.

IX

Oh, weep for Adonais! — The quick Dreams,
The passion-winged Ministers of thought,
Who were his flocks, whom near the living streams
Of his young spirit he fed, and whom he taught
The love which was its music, wander not, —   5
Wander no more, from kindling brain to brain,
But droop there, whence they sprung; and
                             [mourn their lot
Round the cold heart, where, after their sweet pain,
They ne'er will gather strength, or find a home again.

X

And one with trembling hands clasps his cold head,   10
And fans him with her moonlight wings, and cries,
"Our love, our hope, our sorrow, is not dead;
See, on the silken fringe of his faint eyes,
Like dew upon a sleeping flower, there lies
A tear some Dream has loosened from his brain."   15
Lost Angel of a ruined Paradise!
She knew not 'twas her own; as with no stain
She faded, like a cloud which had outwept its rain.

IX

Chorai por Adonais! — As Ilusões douradas,
As agentes da idéia, de paixão aladas,
Eram os seus rebanhos, que ele alimentava
Junto às águas do espírito, e lhes ensinava
O amor que era sua música; não mais vagando,
Da mente em fogo a outra mente não errando,
Onde nasceram caem, a sorte lamentando
Em torno ao frio coração; e, após penar,
Nele não acharão vigor, nem outra vez um lar.

X

Mãos a tremer, uma lhe pega a fronte fria,
Com as asas de luar abana-a, e se angustia:
"Nossa esperança não morreu, amor, tristeza;
Na franja de meus olhos desmaiados presa,
Repousa, como o orvalho numa flor dormente,
Lágrima que algum Sonho lhe tirou da mente."
De um Paraíso em ruína Anjo perdido e insciente!
Nem percebera que a chorara; e imaculada
Desvaneceu-se, nuvem pela chuva dissipada.

---

1 As Ilusões douradas,] Lit.: *os lestos sonhos*, que são femininos, no original.

XI

One from a lucid urn of starry dew
Washed his light limbs as if embalming them;
Another clipped her profuse locks, and threw
The wreath upon him, like an anadem,
Which frozen tears instead of pearls begem;   5
Another in her wilful grief would break
Her bow and winged reeds, as if to stem
A greater loss with one which was more weak;
And dull the barbed fire against his frozen cheek.

XII

Another Splendour on his mouth alit,   10
That mouth, whence it was wont to draw the breath
Which gave it strength to pierce the guarded wit,
And pass into the panting heart beneath
With lightning and with music: the damp death
Quenched its caress upon his icy lips;   15
And, as a dying meteor stains a wreath
Of moonlight vapour, which the cold night clips,
It flushed through his pale limbs, and passed to its eclipse.

XI

Com urna lúcida de orvalho a estrelejar
Outra lavou-lhe os membros, como a embalsamar;
Muita farta madeixa ainda outra cortou-a
E a grinalda atirou sobre ele, qual coroa
De lágrimas e não de pérolas ornada;
Queria outra quebrar, com dor mais que obstinada,
Seu arco e aladas flechas, para aliviar
Uma perda maior com outra, menos grada;
E em face gélida o farpado fogo ei-la a atenuar.

XII

Na boca lhe pousou outra Resplandecência:
— Boca que hauria o alento, vigorosa essência
Que a mente vigilante fosse lhe adentrar,
Daí descendo, ao coração todo a ofegar,
Com raio e música; sua carícia, a morte
Abafou-lha nos lábios gélidos então;
Como a estrela cadente mancha algum festão
De vapor de luar, que a fria noite corte,
Brilhou-lhe pelos membros, para logo se eclipsar.

XIII

And others came... Desires and Adorations,
Winged Persuasions and veiled Destinies,
Splendours, and Glooms, and glimmering
[Incarnations
Of hopes and fears, and twilight Phantasies;
And Sorrow, with her family of Sighs,
And Pleasure, blind with tears, led by the gleam
Of her own dying smile instead of eyes,
Came in slow pomp; — the moving pomp might seem
Like pageantry of mist on an autumnal stream.

XIV

All he had loved, and moulded into thought,
From shape, and hue, and odour, and sweet sound,
Lamented Adonais. Morning sought
Her eastern watch-tower, and her hair unbound,
Wet with the tears which should adorn the ground,
Dimmed the aëreal eyes that kindle day;
Afar the melancholy thunder moaned,
Pale Ocean in unquiet slumber lay,
And the wild Winds flew round, sobbing in their dismay.

XIII

E outras vieram... Ânsias e Venerações,
Sinas veladas, mais aladas Persuasões,
Radiâncias, Trevas; lúcidas Encarnações
De esperança e temor; ocíduas Fantasias;
Com a tribo de Suspiros as Melancolias,
E guiadas pelo raio do sorrir morrente
— Os olhos cegos de chorar — as Alegrias
Vieram com lenta pompa, com esplendor pungente,
Tal como fausto de neblina em outonal corrente.

XIV

O que ele amara, pondo-o em pensamento — a cor,
E junto à cor a forma, o doce som, o odor —
Chora Adonais. Soltos cabelos, a Manhã
A oeste procurou sua torre albarrã,
E do pranto úmida que ornar o chão devia,
Turva os etéreos olhos que dão luz ao dia;
Ao longe o trovão triste ergueu seu lamento;
Dormiu pálido o Oceano em sono turbulento
E em torno os Ventos voaram, soluçando em desalento.

XV

Lost Echo sits amid the voiceless mountains,
And feeds her grief with his remembered lay,
And will no more reply to winds or fountains,
Or amorous birds perched on the young green spray,
Or herdsman's horn, or bell at closing day;   5
Since she can mimic not his lips, more dear
Than those for whose disdain she pined away
Into a shadow of all sounds: — a drear
Murmur, between their songs, is all the woodmen hear.

XVI

Grief made the young Spring wild, and she   10
                        [threw down
Her kindling buds, as if she Autumn were,
Or they dead leaves; since her delight is flown,
For whom should she have waked the sullen year?
To Phoebus was not Hyacinth so dear
Nor to himself Narcissus, as to both   15
Thou, Adonais: wan they stand and sere
Amid the faint companions of their youth,
With dew all turned to tears; odour, to sighing ruth.

XV

Entre as montanhas senta-se Eco desnorteada
E nutre a dor com a rima de Adonais, lembrada:
Não mais responderá a fontes nem a vento,
Nem a avezinhas em floral ramo opulento,
À trompa do boieiro ou sino ao pôr do dia;
Pois não pode imitar-lhe a voz, de mais valia
Que outra cujo desdém fê-la se consumir
Numa sombra de sons: — murmúrio de agonia
Entre as canções que entoa, é o que o mateiro pode ouvir.

XVI

Louca de mágoa, a Primavera derrubou
Os seus botões, pensando ser Outono, ou,
Tais botões, folhas mortas; ido o seu prazer,
Para quem foi que o ano sombrio ela acordou?
Jacinto a Febo caro assim não veio a ser
Nem Narciso a si próprio, como tu, Adonais,
Para os dois: entre os companheiros, sem frescor,
Da mocidade erguem-se eles já sem cor,
Feitos pranto com o orvalho; com o odor, tristeza em ais.

XVII

Thy spirit's sister, the lorn nightingale
Mourns not her mate with such melodious pain;
Not so the eagle, who like thee could scale
Heaven, and could nourish in the sun's domain
Her mighty youth with morning, doth complain, 5
Soaring and screaming round her empty nest,
As Albion wails for thee: the curse of Cain
Light on his head who pierced thy innocent breast,
And scared the angel soul that was its earthly guest!

XVIII

Ah, woe is me! Winter is come and gone, 10
But grief returns with the revolving year;
The airs and streams renew their joyous tone;
The ants, the bees, the swallows reappear;
Fresh leaves and flowers deck the dead Season's bier;
The amorous birds now pair in every brake, 15
And build their mossy homes in field and brere;
And the green lizard, and the golden snake,
Like unimprisoned flames, out of their trance awake.

XVII

Deixada a filomela, irmã de tua alma ardente,
De dor não chora o esposo assim tão docemente;
Nem chora a águia — rival tua em escalar
O céu, para em país do sol alimentar
Sua forte mocidade com a manhã — assim
Subindo em torno ao ninho vago, a crocitar,
Como Albion te chora! A sina de Caim
Queime a fronte do que varou o peito teu
E afugentou a alma de anjo que era o hóspede seu!

XVIII

Ai, ai de mim! Veio e se foi o tempo frio,
Mas com o ano a regirar volta o pesar sombrio;
Seu tom feliz renovam ares e correntes,
Voltam abelhas, andorinhas, a formiga;
Cobrem o féretro invernal folhas virentes;
Unem-se os pássaros na moita que os abriga,
Fazem o ninho em prados e roseiras bravas;
Do pasmo acordam, como chamas já não escravas,
As serpentes douradas, e os lagartos viridentes.

XIX

Through wood and stream and field and hill and
[Ocean
A quickening life from the Earth's heart has burst
As it has ever done, with change and motion,
From the great morning of the world when first
God dawned on Chaos; in its stream immersed,   5
The lamps of Heaven flash with a softer light;
All baser things pant with life's sacred thirst;
Diffuse themselves; and spend in love's delight
The beauty and the joy of their renewed might.

XX

The leprous corpse, touched by this spirit tender,   10
Exhales itself in flowers of gentle breath;
Like incarnations of the stars, when splendour
Is changed to fragrance, they illumine death
And mock the merry worm that wakes beneath;
Nought we know, dies. Shall that alone which knows   15
Be as a sword consumed before the sheath
By sightless lightning? — the intense atom glows
A moment, then is quenched in a most cold repose.

XIX

Por floresta e corrente e campo e monte e mar
Nasceu do coração da terra a vida a estuar,
Tal como sempre, com a mudança e o movimento,
Desde a manhã do mundo, em que, inicial momento,
Deus madrugou no caos; e imersas na corrente
As lâmpadas do céu luzem mais docemente;
Pulsam os seres baixos com a avidez da vida;
Propagam-se, a gastar do amor no gozo ardente
A beleza e a alegria de uma força renovada.

XX

O leproso cadáver, dessa luz tocado,
Exala flores de um aroma delicado;
Estrela que se encarna quando o resplendor
Se faz aroma, a flor — a morte aclara-a, a flor,
Que moteja do verme alegre abaixo dela.
Nada morre. Será aquele que adivinha
Como espada destruída antes da bainha
Por relâmpago cego? — O átomo brilha e vela
Um instante, e se extingue num repouso sem calor.

XXI

Alas! that all we loved of him should be,
But for our grief, as if it had not been,
And grief itself be mortal! Woe is me!
Whence are we, and why are we? of what scene
The actors or spectators? Great and mean   5
Meet massed in death, who lends what
                        [life must borrow.
As long as skies are blue, and fields are green,
Evening must usher night, night urge the morrow,
Month follow month with woe, and year wake
                        [year to sorrow.

XXII

He will awake no more, oh, never more!   10
"Wake thou," cried Misery, "childless Mother, rise
Out of thy sleep, and slake, in thy heart's core,
A wound more fierce than his with tears and sighs."
And all the Dreams that watched Urania's eyes,
And all the Echoes whom their sister's song   15
Had held in holy silence, cried: "Arise!"
Swift as a Thought by the snake Memory stung,
From her ambrosial rest the fading Splendour sprung.

XXI

Ah! o que nele amamos devesse ser, somente
Para nosso pesar, como se inexistente,
E que, ai de mim, sejam mortais as próprias dores!
De onde e por que nós somos? De que cena atores
Ou público? Juntam-se grandes e menores
Na morte, que empresta o que a vida vai tomar.
Enquanto, azul o céu, o campo verdejar,
À tarde seguir-se-á a noite e à noite o albor,
Mês seguir-se-á a mês com mágoa, ano a ano com
[amargor.

XXII

Ele não mais acordará, oh nunca mais!
Grita a Miséria: "Acorda, mãe sem filho! com ais
E pranto apaga, bem no fundo de teu peito,
Um ferimento mais feroz que o nele feito."
E os Sonhos todos que de Urânia velam o olhar
E os Ecos todos que a irmã deles, a cantar,
Silenciara, bramiram: "Ergue-te!" Ligeira
Saltou de seu repouso a Luz, Luz passageira,
Qual Pensamento que a Memória, serpe, foi picar.

XXIII

She rose like an autumnal Night, that springs
Out of the East, and follows wild and drear
The golden Day, which, on eternal wings,
Even as a ghost abandoning a bier,
Had left the Earth a corpse. Sorrow and fear   5
So struck, so roused, so rapt Urania;
So saddened round her like an atmosphere
Of stormy mist; so swept her on her way
Even to the mournful place where Adonais lay.

XXIV

Out of her secret Paradise she sped,   10
Through camps and cities rough with stone, and steel,
And human hearts, which to her aery tread
Yielding not, wounded the invisible
Palms of her tender feet where'er they fell:
And barbed tongues, and thoughts more   15
                      [sharp than they,
Rent the soft Form they never could repel,
Whose sacred blood, like the young tears of May,
Paved with eternal flowers that undeserving way.

XXIII

Ela se ergueu, Noite outonal que no Oriente
Nasce e acompanha, desvairada e tristemente,
O Dia de ouro que, com eternas asas, qual
Um fantasma fugindo ao leito funeral
Deixa a Terra um cadáver. Medo, com aflição,
Assim tocou Urânia e assim a despertou;
Assim entristeceu-lhe o em torno, como ambiente
De bruma tempestuosa; Urânia assim chorou,
Indo aonde Adonais jazia em lamentoso chão.

XXIV

De seu Éden secreto ela deixou o espaço,
Por campos e cidades rudes de pedra e aço
E corações humanos, que a esse etéreo andar
Não cedendo, feriam as plantas invisíveis
Dos ternos pés, onde estes fossem se apoiar;
Línguas farpadas, pensamentos mais temíveis
Rasgavam essa Forma, inábeis de a afastar,
Cujo sangue sagrado, lágrimas vernais,
Calçou a senda indigna com umas flores perenais.

XXV

In the death-chamber for a moment Death,
Shamed by the presence of that living Might,
Blushed to annihilation, and the breath
Revisited those lips, and Life's pale light
Flashed through those limbs, so late her dear delight. 5
"Leave me not wild and drear and comfortless,
As silent lightning leaves the starless night!
Leave me not!" cried Urania: her distress
Roused Death: Death rose and smiled, and met her
                                    [vain caress.

XXVI

"Stay yet awhile! speak to me once again; 10
Kiss me, so long but as a kiss may live;
And in my heartless breast and burning brain
That word, that kiss, shall all thoughts else survive,
With food of saddest memory kept alive,
Now thou art dead, as if it were a part 15
Of thee, my Adonais! I would give
All that I am to be as thou now art!
But I am chained to Time, and cannot thence depart!

XXV

Na câmara funérea a Morte, por um nada,
Diante daquele Poder vivo envergonhada,
Corou de aniquilar-se, e devolveu o alento
Aquela boca, e a luz da Vida, num momento,
Brilhou naqueles membros que eram seu prazer:
"Não me deixes amarga, e triste, e desvairada,
Como o quieto corisco deixa a noite escura!
Não me deixes!" — clamava Urânia; e sua agrura
Ergueu a Morte, que sorriu, sua carícia ao ver.

XXVI

"Oh! fica um pouco! inda uma vez vem me falar!
Beija-me, quanto possa um beijo demorar!
Em meu peito sem coração e em minha mente
Palavra e beijo viverão mais longamente
Que os pensares, nutridos pelo triste recordar-te,
Como se, agora que estás morto, fossem parte
De ti, meu Adonais! Eu bem queria dar
Tudo o que sou para ser como estás agora!
Mas encadeada ao Tempo, eu não me posso ir embora!

XXVII

"O gentle child, beautiful as thou wert,
Why didst thou leave the trodden paths of men
Too soon, and with weak hands though mighty heart
Dare the unpastured dragon in his den?
Defenceless as thou wert, oh, where was then 5
Wisdom the mirrored shield, or scorn the spear?
Or hadst thou waited the full cycle, when
Thy spirit should have filled its crescent sphere,
The monsters of life's waste had fled from thee like deer.

XXVIII

"The herded wolves, bold only to pursue; 10
The obscene ravens, clamorous o'er the dead;
The vultures to the conqueror's banner true
Who feed where Desolation first has fed,
And whose wings rain contagion; — how they fled,
When, like Apollo, from his golden bow 15
The Pythian of the age one arrow sped
And smiled! — The spoilers tempt no second blow,
They fawn on the proud feet that spurn them lying low.

XXVII

"Criança gentil, bela como eras, Adonais,
Por que deixaste a usada trilha dos mortais
Tão cedo, e com mão fraca e forte coração
Desafiaste em seu antro o sôfrego dragão?
Indefeso como eras, onde estava então
O broquel do saber, a lança do desdém?
Tivesses aguardado o ciclo inteiro, quando
A tua mente sua esfera enchesse bem,
Os monstros do deserto — a vida — fugir-te-iam voando.

XXVIII

"Lobos em bando, só para acossar ousados;
Corvos obscenos, a grasnar sobre os finados;
Fiel à bandeira do conquistador, o abutre,
Que onde a Desolação pastou aí se nutre,
E cujas asas chovem peste; — eles fugiram,
Quando, tal como Apolo, com o arco refulgente,
Sorrindo, o nosso Pítico frechou ardente.
— Os saqueadores a outro golpe não aspiram,
Lambem o pé altivo que os lançou ao chão prostrados.

---

9 voando.] Lit.: *Voando como um ganso.*

XXIX

"The sun comes forth, and many reptiles spawn;
He sets, and each ephemeral insect then
Is gathered into death without a dawn,
And the immortal stars awake again;
So is it in the world of living men: 5
A godlike mind soars forth, in its delight
Making earth bare and veiling heaven, and when
It sinks, the swarms that dimmed or shared its light
Leave to its kindred lamps the spirit's awful night."

XXX

Thus ceased she: and the mountain shepherds came,   10
Their garlands sere, their magic mantles rent;
The Pilgrim of Eternity, whose fame
Over his living head like Heaven is bent,
An early but enduring monument,
Came, veiling all the lightnings of his song   15
In sorrow; from her wilds Ierne sent
The sweetest lyrist of her saddest wrong,
And Love taught Grief to fall like music from his tongue.

XXIX

"O sol exsurge e muitos répteis põem seus ovos;
Ele tomba: de insetos breves muitos povos
Reúnem-se na morte antes de abrir-se o oriente,
E os astros imortais despertam novamente;
Assim se dá no mundo do homem pervivente;
Voa alto e em seu prazer uma divina mente
Põe nua a terra e vela o céu; quando baixar,
Enxames que sua luz vieram toldar ou amear
Legam a lâmpadas afins a noite atroz da mente."

XXX

Ela cessou: desceram os zagais aos prados,
Grinaldas murchas, mantos mágicos rasgados;
O Viajor da Eternidade, cuja fama
A sua viva fronte como o céu recama,
Precoce monumento, mas de perdurar,
Veio, velando os relampejos de seu canto
Com agrura; Irene enviou de seu ermo recanto
De seu mais triste erro o lírico invulgar
E o amor mostrou à Dor como nos lábios lhe cantar.

---

16 Irene] A Paz, a deusa da paz. Na estrofe se representam Byron e Moore.
Nas estrofes xxxi e seguintes, o próprio Shelley.

XXXI

Midst others of less note, came one frail Form,
A phantom among men; companionless
As the last cloud of an expiring storm
Whose thunder is its knell; he, as I guess,
Had gazed on Nature's naked loveliness, 5
Actaeon-like, and now he fled astray
With feeble steps o'er the world's wilderness,
And his own thoughts, along that rugged way,
Pursued, like raging hounds, their father and their prey.

XXXII

A pardlike Spirit beautiful and swift — 10
A Love in desolation masked; — a Power
Girt round with weakness; — it can scarce uplift
The weight of the superincumbent hour;
It is a dying lamp, a falling shower,
A breaking billow; — even whilst we speak 15
Is it not broken? On the withering flower
The killing sun smiles brightly: on a cheek
The life can burn in blood, even while the heart
                                [may break.

XXXI

Veio uma Forma, entre outras menos de notar,
Um fantasma entre os homens; sem que houvesse par,
Como a nuvem extrema da tormenta em fim,
De que o trovão é o dobre fúnebre; ele, assim,
O encanto nu da Natureza tinha olhado
Como Acteon; fugia agora extraviado
No deserto do mundo, em passos sem firmeza:
Seus pensamentos, nesse rumo acidentado,
Caçavam, cães famintos, o seu pai e a sua presa.

XXXII

Uma Alma de pantera, esplêndida e veloz
— Um Amor disfarçado de aflição atroz
— Um Poder que a fraqueza cinge; — mal levanta
O peso da hora superposta, que o quebranta;
É lâmpada que morre, bátega que cai,
Onda que estoura; — enquanto erguemos nossa voz
Ela não estourou? Na flor que se desvai
Sorri o sol que a mata; pode ressangrar
Na face a vida, enquanto o coração pode estourar.

XXXIII

His head was bound with pansies overblown,
And faded violets, white, and pied, and blue;
And a light spear topped with a cypress cone,
Round whose rude shaft dark ivy-tresses grew
Yet dripping with the forest's noonday dew,   5
Vibrated, as the ever-beating heart
Shook the weak hand that grasped it; of that crew
He came the last, neglected and apart;
A herd-abandoned deer struck by the hunter's dart.

XXXIV

All stood aloof, and at his partial moan   10
Smiled through their tears; well knew that gentle band
Who in another's fate now wept his own,
As in the accents of an unknown land
He sung new sorrow; sad Urania scanned   15
The Stranger's mien, and murmured: "Who art thou?"
He answered not, but with a sudden hand
Made bare his branded and ensanguined brow,
Which was like Cain's or Christ's — oh! that it   20
                     [should be so!

XXXIII
De muito amor-perfeito a fronte coroada,
E de violeta azul, e branca, e variegada;
No alto de um chuço, pinha de cipreste era;
E em sua rude haste escuras tranças de hera,
Pingando o orvalho da floresta ao meio-dia,
Vibravam, pois o coração dele batia,
Agitando a mão débil que esse tirso erguia;
Da turba, obscuro e só, foi o último a chegar,
Gamo fora da grei que um dardo pôde vulnerar.

XXXIV
Todos à parte, ouvindo-lhe o ai de simpatia,
Sorriram a chorar; o grupo bem sabia
Que no destino de outro o próprio ele carpia,
Enquanto com os acentos de ignorada terra
Ele cantou nova tristeza: Urânia olhou
O ar do estrangeiro e "Quem és tu?" — murmurejou.
Ele não respondeu, mas súbito descerra
A fronte com um estigma e toda ensanguentada,
Igual à de Caim ou Cristo — assim predestinada!

XXXV

What softer voice is hushed over the dead?
Athwart what brow is that dark mantle thrown?
What form leans sadly o'er the white death-bed,
In mockery of monumental stone,
The heavy heart heaving without a moan? 5
If it be He, who, gentlest of the wise,
Taught, soothed, loved, honoured the departed one,
Let me not vex, with inharmonious sighs,
The silence of that heart's accepted sacrifice.

XXXVI

Our Adonais has drunk poison — oh! 10
What deaf and viperous murderer could crown
Life's early cup with such a draught of woe?
The nameless worm would now itself disown:
It felt, yet could escape, the magic tone
Whose prelude held all envy, hate, and wrong, 15
But what was howling in one breast alone,
Silent with expectation of the song,
Whose master's hand is cold, whose silver lyre unstrung.

XXXV
Sobre o morto que voz mais débil silencia?
Que escuro manto aquela fronte recobria?
Que vulto sobre o leito fúnebre inclinado,
Tal como se a imitar pedra de monumento,
Faz arfar com um gemido o coração pesado?
Se ele foi quem, dos sábios o mais delicado,
Honrou o que partiu, deu-lhe conforto e amor,
Que eu não moleste com soluços sem valor
O silêncio sacrifical daquele pensamento.

XXXVI
Nosso Adonais bebeu veneno — oh! que assassino
Conseguiu coroar, e surdo e viperino,
Com trago assim a taça matinal da vida?
O verme inominado a si se repudia:
Sentiu, mas escapou da mágica harmonia
Cujo prelúdio segurava a inveja ardida,
O ódio e a injustiça, mas num peito só bramia,
Mudo a esperar o canto: estava regelada
A mão do dono, e sua lira argêntea silenciada.

XXXVII

Live thou, whose infamy is not thy fame!
Live! fear no heavier chastisement from me,
Thou noteless blot on a remembered name!
But be thyself, and know thyself to be!
And ever at thy season be thou free   5
To spill the venom when thy fangs o'erflow:
Remorse and Self-contempt shall cling to thee;
Hot Shame shall burn upon thy secret brow,
And like a beaten hound tremble thou shalt — as now.

XXXVIII

Nor let us weep that our delight is fled   10
Far from these carrion kites that scream below;
He wakes or sleeps with the enduring dead;
Thou canst not soar where he is sitting now —
Dust to the dust! but the pure spirit shall flow
Back to the burning fountain whence it came,   15
A portion of the Eternal, which must glow
Through time and change, unquenchably the same,
Whilst thy cold embers choke the sordid hearth of shame.

XXXVII

Vive, tu cuja infâmia não é a fama tua!
Não temas que maior castigo eu te atribua,
Borrão escuro sobre um nome que é lembrado!
Mas sê tu mesmo e para seres vê como és!
Derrama livre, quando chegue a tua vez,
O veneno de tuas presas transbordado!
Remorso e desdém próprio a ti se agarrarão;
A vergonha arder-te-á na oculta fronte, então,
E serás, como agora, tal como um batido cão.

XXXVIII

Não choremos se voou o nosso encanto além
Desses milhafres sujos que a grasnar se veem;
Junto dos mortos ele dorme ou está desperto,
Não podes elevar-te aonde ele está, nem perto.
— Pó ao pó! Mas o puro espírito fluirá
De volta à fonte de que veio, fonte ardente,
Uma porção do Eterno, que refulgirá
Em tempo e mutação, o mesmo infindamente;
Já o forno da vergonha a tua cinza o abafará.

XXXIX

Peace, peace! he is not dead, he doth not sleep —
He hath awakened from the dream of life —
'Tis we, who lost in stormy visions, keep
With phantoms an unprofitable strife,
And in mad trance, strike with our spirit's knife   5
Invulnerable nothings. — We decay
Like corpses in a charnel; fear and grief
Convulse us and consume us day by day,
And cold hopes swarm like worms within our living clay.

XL

He has outsoared the shadow of our night;   10
Envy and calumny and hate and pain,
And that unrest which men miscall delight,
Can touch him not and torture not again;
From the contagion of the world's slow stain
He is secure, and now can never mourn   15
A heart grown cold, a head grown grey in vain;
Nor, when the spirit's self has ceased to burn,
With sparkless ashes load an unlamented urn.

XXXIX

Calma, ele não morreu, ele não está dormindo,
Ele acordou da vida, simples sonho findo;
— Nós, os perdidos em visão tempestuosa,
Mantemos com fantasmas luta desvaliosa,
E, com a faca do espírito, a louquear golpeamos
Invulneráveis nadas. *Nós* nos arruinamos
Quais corpos sob a terra; o medo e a dor sombria
Agitam-nos e nos consomem dia a dia;
Esperanças, que vermes! nossa argila viva cria.

XL

Mais que a sombra da noite ele subiu, além;
Inveja nem calúnia, ódio nem dor também,
Nem esta inquietação que é dita, e mal, prazer,
Podem tocá-lo nem fazê-lo mais sofrer;
Do contágio da lenta mácula da terra
Ele está a salvo e já não pode um coração
Que esfriou chorar, nem fronte embranquecida
                            [em vão:
Nem, quando o espírito sua luz por fim encerra,
Pode com cinzas sem faísca urna esquecida encher.

XLI

He lives, he wakes — 'tis Death is dead, not he;
Mourn not for Adonais. — Thou young Dawn,
Turn all thy dew to splendour, for from thee
The spirit thou lamentest is not gone;
Ye caverns and ye forests, cease to moan!
Cease, ye faint flowers and fountains, and thou Air
Which like a mourning veil thy scarf hadst thrown
O'er the abandoned Earth, now leave it bare
Even to the joyous stars which smile on its despair!

XLII

He is made one with Nature: there is heard
His voice in all her music, from the moan
Of thunder, to the song of night's sweet bird;
He is a presence to be felt and known
In darkness and in light, from herb and stone,
Spreading itself where'er that Power may move
Which has withdrawn his being to its own;
Which wields the world with never-wearied love,
Sustains it from beneath, and kindles it above.

XLI

Ele vive e vigila — a Morte é que morreu;
Não choreis Adonais. A Aurora que nasceu
Transforme em resplendor o seu orvalho agora,
Que o espírito pranteado não se foi embora;
Selvas e grutas, vós, parai de lamentar!
Parai também, flores e fontes e tu, Ar,
Que qual véu matinal lançaste a gaze tua
Sobre a terra sozinha, agora deixa-a nua
Ante os astros que alegres riem para o seu prantear!

XLII

Ele se uniu à Natureza: nesta é ouvido
O que ele diz com melodia, do gemido
Do trovão ao cantar noturno de doce ave;
Ele é um contacto a ser sentido e conhecido
Nas trevas e na luz, na pedra e na erva suave,
Vertendo-se onde Força tal possa mover
O que o ser lhe fundiu com o seu próprio ser;
Que guia o mundo com amor que não se cansa,
Sustenta-o pela base e ao alto luz lhe lança.

XLIII

He is a portion of the loveliness
Which once he made more lovely: he doth bear
His part, while the one Spirit's plastic stress
Sweeps through the dull dense world, compelling
[there
All new successions to the forms they wear;   5
Torturing th' unwilling dross that checks its flight
To its own likeness, as each mass may bear;
And bursting in its beauty and its might
From trees and beasts and men into the Heavens' light.

XLIV

The splendours of the firmament of time   10
May be eclipsed, but are extinguished not;
Like stars to their appointed height they climb,
And death is a low mist which cannot blot
The brightness it may veil. When lofty thought
Lifts a young heart above its mortal lair,   15
And love and life contend in it, for what
Shall be its earthly doom, the dead live there
And move like winds of light on dark and stormy air.

LIII

Ele é uma porção do encanto que outro dia
Ainda mais encantador ele fazia;
Mantém sua parte, mas do Espírito a pressão
Plástica adentra o inerte mundo, e com a ação
Força a obter forma toda nova geração,
Ferindo a escória que do voo se espolia
Em prol da imagem, qual a massa há de a exibir,
E irrompendo em beleza e no poder que é seu
De árvores, de animais e de homens para a luz do céu.

XLIV

Os esplendores temporais do firmamento
Eclipsam-se, mas não se extinguem um momento,
Como astros sobem cada qual a sua altura
E a morte não apaga, bruma baixa e impura,
O brilho que ela vela. Quando o pensamento
Ergue do antro mortal um jovem coração,
Vida e amor lutam nele, pelo que será
Sua sina terrena: os mortos vivem lá
E andam no ar bravo e escuro como ventos de clarão.

XLV

The inheritors of unfulfilled renown
Rose from their thrones, built beyond mortal
[thought,
Far in the Unapparent. Chatterton
Rose pale, — his solemn agony had not
Yet faded from him; Sidney, as he fought   5
And as he fell and as he lived and loved
Sublimely mild, a Spirit without spot,
Arose; and Lucan, by his death approved:
Oblivion as they rose shrank like a thing reproved.

XLVI

And many more, whose names on Earth are dark,   10
But whose transmitted effluence cannot die
So long as fire outlives the parent spark,
Rose, robed in dazzling immortality.
"Thou art become as one of us," they cry,
"It was for thee yon kingless sphere has long   15
Swung blind in unascended majesty,
Silent alone amid an Heaven of Song.
Assume thy winged throne, thou Vesper of our throng!"

XLV

Erguem-se, herdeiros de renome não cabal,
De seus tronos além da ideia de um mortal,
No bem longe Invisível. Chatterton se alçou,
Pálido: dele não se tinha inda esvaído
5 A solene agonia; Sidney se elevou
Como lutou, como caiu, viveu e amou
Sublimemente meigo, ser imaculado;
Lucano com sua morte deu por atestado:
Ao se erguerem, recuou como um danado o Olvido.

XLVI

10 Muitos mais cujo nome a terra mal conhece
Mas de que o eflúvio transmitido não perece,
Tal como o fogo sobrevive à chispa, é lei,
Ergueram-se ofuscantes de imortalidade
E clamaram: "Conosco estás em igualdade;
15 Para ti aquela esfera regirou sem rei,
Por tempos cega sem subir à majestade,
Silenciosa e sozinha em meio a um céu de cantos.
Assume o trono alado, tu, ó Vésper de nós tantos!"

XLVII

Who mourns for Adonais? Oh, come forth,
Fond wretch! and know thyself and him aright.
Clasp with thy panting soul the pendulous Earth;
As from a centre, dart thy spirit's light
Beyond all worlds, until its spacious might 5
Satiate the void circumference: then shrink
Even to a point within our day and night;
And keep thy heart light lest it make thee sink
When hope has kindled hope, and lured thee to the brink.

XLVIII

Or go to Rome, which is the sepulchre, 10
Oh, not of him, but of our joy: 'tis nought
That ages, empires, and religions there
Lie buried in the ravage they have wrought;
For such as he can lend, — they borrow not
Glory from those who made the world their prey; 15
And he is gathered to the kings of thought
Who waged contention with their time's decay,
And of the past are all that cannot pass away.

XLVII

Quem chora por nosso Adonais? Oh, um passo
                             [à frente,
Terno infeliz! Conhece-te e a ele claramente.
Firma a terra suspensa, com tua alma arfante,
Dardeja, qual do centro, a luz de tua mente
Além-mundos, até saciar teu abarcante
Poder a vã circunferência: renuncia,
De volta adentra a nossa noite e o nosso dia;
Põe leve a alma, não vá ela te afundar
Quando a esperança ardeu, para com o abismo te
                             [enganar.

XLVIII

Ou ide a Roma, que é o sepulcro, dele não,
Mas de nossa alegria; causa decepção
Lá haver impérios, tempos, religiões tombadas,
Na própria ruína que fizeram enterradas;
Uma é a glória que ele pode nos passar,
Outra a dos que este mundo vieram apresar.
E aos reis do pensamento ele se foi reunir
Que a queda de seu tempo ousaram discutir;
Do passado são quantos não o podem sacudir.

XLIX

Go thou to Rome, — at once the Paradise,
The grave, the city, and the wilderness;
And where its wrecks like shattered mountains rise,
And flowering weeds, and fragrant copses dress
The bones of Desolation's nakedness 5
Pass, till the spirit of the spot shall lead
Thy footsteps to a slope of green access
Where, like an infant's smile, over the dead
A light of laughing flowers along the grass is spread;

L

And grey walls moulder round, on which dull Time 10
Feeds, like slow fire upon a hoary brand;
And one keen pyramid with wedge sublime,
Pavilioning the dust of him who planned
This refuge for his memory, doth stand
Like flame transformed to marble; and beneath, 15
A field is spread, on which a newer band
Have pitched in Heaven's smile their camp of death,
Welcoming him we lose with scarce extinguished breath.

XLIX

Vai a Roma — que a um tempo só é o Éden certo,
E também a cidade, e o túmulo, e o deserto;
As ruínas se erguem quais serros despedaçados
E ervas em flor vestem, e os matos perfumados,
Os ossos da desolação em desnudez:
Passa-os, até levar-te a alma do lugar
A um talude que tem o acesso a verdejar;
Lá, qual sorrir de criança, sobre os mortos vês
Luz de flores risonhas pela grama se espalhar;

L

Muros esfazem-se: neles o tempo lento
Nutre-se, fogo brando num tição cinzento;
E uma aguda pirâmide, sublime cunha,
Pavilhão para a poeira de quem se propunha
Esse refúgio para que fosse lembrado,
Ergue-se, fogo esguio em mármore mudado,
E abaixo corre um campo, em que mais nova gente
Fincou no rir do céu o seu funéreo prado,
Saudando, o que perdemos, com alento mal dormente.

LI

Here pause: these graves are all too young as yet
To have outgrown the sorrow which consigned
Its charge to each; and if the seal is set,
Here, on one fountain of a mourning mind,
Break it not thou! too surely shalt thou find   5
Thine own well full, if thou returnest home,
Of tears and gall. From the world's bitter wind
Seek shelter in the shadow of the tomb.
What Adonais is, why fear we to become?

LII

The One remains, the many change and pass;   10
Heaven's light forever shines, Earth's shadows fly;
Life, like a dome of many-coloured glass,
Stains the white radiance of Eternity,
Until Death tramples it to fragments. — Die,
If thou wouldst be with that which thou dost seek!   15
Follow where all is fled! — Rome's azure sky,
Flowers, ruins, statues, music, words, are weak
The glory they transfuse with fitting truth to speak.

LI

Detém-te: tanta tumba aqui jovem ficou
Para entestar com essa tristeza que confiou
Seu fardo a cada qual; e se está o selo assente,
Aqui, na fonte de uma lamentosa mente,
5   Não o rompas, que encontrarás bem certamente,
Se voltas para casa, cheio de amargura
E pranto o manancial que é teu. Cruel é o ventar
Do mundo: busca a sombra de uma sepultura.
No que Adonais se fez, por que tememos nos mudar?

LII

10 O Um fica, os muitos vão-se; a luz é permanente
No Céu, na Terra as sombras passam brevemente;
A Vida, como um domo em vidro multicor,
Mancha da Eternidade o branco resplendor,
Até que a Morte o pise e quebre. — É perecer,
15 Se como aquele que procuras queres ser!
Segue-os todos! De Roma o céu azul nitente,
Flores, ruínas, estátuas, música e falar
São fracos para a vera glória deles proclamar.

LIII

Why linger, why turn back, why shrink, my Heart?
Thy hopes are gone before: from all things here
They have departed; thou shouldst now depart!
A light is passed from the revolving year,
And man, and woman; and what still is dear   5
Attracts to crush, repels to make thee wither.
The soft sky smiles, — the low wind whispers near:
'Tis Adonais calls! oh, hasten thither,
No more let Life divide what Death can join together.

LIV

That Light whose smile kindles the Universe,   10
That Beauty in which all things work and move,
That Benediction which the eclipsing Curse
Of birth can quench not, that sustaining Love
Which through the web of being blindly wove
By man and beast and earth and air and sea,   15
Burns bright or dim, as each are mirrors of
The fire for which all thirst, now beams on me,
Consuming the last clouds of cold mortality.

LIII

Por que hesitar, meu Coração, por que recuar?
Tuas esperanças foram-se antes, sem te atar
A nada aqui; foram-se, e deves tu partir!
Do ano que gira uma luz viu-se fugir,
E homem, mulher; o que inda é caro, a te atrair,
Esmaga-te, repele para te mirrar.
O brando céu sorri — sussurra perto o vento:
É Adonais que chama! Oh, vai-te num momento,
Não mais separe a Vida o que talvez vá o Fim juntar.

LIV

Aquela Luz cujo sorriso o Mundo aclara,
A Beleza em que tudo opera e em que não para,
Aquela Bênção que a eclipsante Maldição
De nascer não estingue, aquele Amor-sustentação
Que na trama do ser teceu bem cegamente
Com homem e animal e terra e ar e mar
Arde obscuro ou brilhante: tudo é um espelhar
Do fogo, sede universal; em mim luzente,
As nuvens últimas do que é mortal ei-lo a apagar.

LV

The breath whose might I have invoked in song
Descends on me; my spirit's bark is driven
Far from the shore, far from the trembling throng
Whose sails were never to the tempest given;
The massy earth and sphered skies are riven!
I am borne darkly, fearfully, afar;
Whilst, burning through the inmost veil of Heaven,
The soul of Adonais, like a star,
Beacons from the abode where the Eternal are.

LV

Sobre mim desce o alento em meu cantar chamado;
E é, o barco de meu espírito, levado
Longe da praia, da tremente multidão
Que à tempestade nunca abriu a sua vela;
Rasga-se a terra e o céu esférico é rasgado;
Levam-me longe, escura e temerosamente;
Varando o íntimo véu do céu mostra-se ardente
A alma de Adonais, como se fosse estrela,
E esplende ao alto na morada onde os Eternos são.

COLEÇÃO DE BOLSO HEDRA

1. *Iracema*, Alencar
2. *Don Juan*, Molière
3. *Contos indianos*, Mallarmé
4. *Auto da barca do Inferno*, Gil Vicente
5. *Poemas completos de Alberto Caeiro*, Pessoa
6. *Triunfos*, Petrarca
7. *A cidade e as serras*, Eça
8. *O retrato de Dorian Gray*, Wilde
9. *A história trágica do Doutor Fausto*, Marlowe
10. *Os sofrimentos do jovem Werther*, Goethe
11. *Dos novos sistemas na arte*, Maliévitch
12. *Mensagem*, Pessoa
13. *Metamorfoses*, Ovídio
14. *Micromegas e outros contos*, Voltaire
15. *O sobrinho de Rameau*, Diderot
16. *Carta sobre a tolerância*, Locke
17. *Discursos ímpios*, Sade
18. *O príncipe*, Maquiavel
19. *Dao De Jing*, Laozi
20. *O fim do ciúme e outros contos*, Proust
21. *Pequenos poemas em prosa*, Baudelaire
22. *Fé e saber*, Hegel
23. *Joana d'Arc*, Michelet
24. *Livro dos mandamentos: 248 preceitos positivos*, Maimônides
25. *O indivíduo, a sociedade e o Estado, e outros ensaios*, Emma Goldman
26. *Eu acuso!*, Zola — *O processo do capitão Dreyfus*, Rui Barbosa
27. *Apologia de Galileu*, Campanella
28. *Sobre verdade e mentira*, Nietzsche
29. *O princípio anarquista e outros ensaios*, Kropotkin
30. *Os sovietes traídos pelos bolcheviques*, Rocker
31. *Poemas*, Byron
32. *Sonetos*, Shakespeare
33. *A vida é sonho*, Calderón
34. *Escritos revolucionários*, Malatesta
35. *Sagas*, Strindberg
36. *O mundo ou tratado da luz*, Descartes
37. *O Ateneu*, Raul Pompeia
38. *Fábula de Polifemo e Galateia e outros poemas*, Góngora
39. *A vênus das peles*, Sacher-Masoch
40. *Escritos sobre arte*, Baudelaire
41. *Cântico dos cânticos*, [Salomão]
42. *Americanismo e fordismo*, Gramsci
43. *O princípio do Estado e outros ensaios*, Bakunin
44. *O gato preto e outros contos*, Poe
45. *História da província Santa Cruz*, Gandavo
46. *Balada dos enforcados e outros poemas*, Villon
47. *Sátiras, fábulas, aforismos e profecias*, Da Vinci
48. *O cego e outros contos*, D.H. Lawrence

49. *Rashômon e outros contos*, Akutagawa
50. *História da anarquia (vol. 1)*, Max Nettlau
51. *Imitação de Cristo*, Tomás de Kempis
52. *O casamento do Céu e do Inferno*, Blake
53. *Cartas a favor da escravidão*, Alencar
54. *Utopia Brasil*, Darcy Ribeiro
55. *Flossie, a Vênus de quinze anos*, [Swinburne]
56. *Teleny, ou o reverso da medalha*, [Wilde et al.]
57. *A filosofia na era trágica dos gregos*, Nietzsche
58. *No coração das trevas*, Conrad
59. *Viagem sentimental*, Sterne
60. *Arcana Cœlestia e Apocalipsis revelata*, Swedenborg
61. *Saga dos Volsungos*, Anônimo do séc. XIII
62. *Um anarquista e outros contos*, Conrad
63. *A monadologia e outros textos*, Leibniz
64. *Cultura estética e liberdade*, Schiller
65. *A pele do lobo e outras peças*, Artur Azevedo
66. *Poesia basca: das origens à Guerra Civil*
67. *Poesia catalã: das origens à Guerra Civil*
68. *Poesia espanhola: das origens à Guerra Civil*
69. *Poesia galega: das origens à Guerra Civil*
70. *O chamado de Cthulhu e outros contos*, H.P. Lovecraft
71. *O pequeno Zacarias, chamado Cinábrio*, E.T.A. Hoffmann
72. *Tratados da terra e gente do Brasil*, Fernão Cardim
73. *Entre camponeses*, Malatesta
74. *O Rabi de Bacherach*, Heine
75. *Bom Crioulo*, Adolfo Caminha
76. *Um gato indiscreto e outros contos*, Saki
77. *Viagem em volta do meu quarto*, Xavier de Maistre
78. *Hawthorne e seus musgos*, Melville
79. *A metamorfose*, Kafka
80. *Ode ao Vento Oeste e outros poemas*, Shelley
81. *Oração aos moços*, Rui Barbosa
82. *Feitiço de amor e outros contos*, Ludwig Tieck
83. *O corno de si próprio e outros contos*, Sade
84. *Investigação sobre o entendimento humano*, Hume
85. *Sobre os sonhos e outros diálogos*, Borges — Osvaldo Ferrari
86. *Sobre a filosofia e outros diálogos*, Borges — Osvaldo Ferrari
87. *Sobre a amizade e outros diálogos*, Borges — Osvaldo Ferrari
88. *A voz dos botequins e outros poemas*, Verlaine
89. *Gente de Hemsö*, Strindberg
90. *Senhorita Júlia e outras peças*, Strindberg
91. *Correspondência*, Goethe — Schiller
92. *Índice das coisas mais notáveis*, Vieira
93. *Tratado descritivo do Brasil em 1587*, Gabriel Soares de Sousa
94. *Poemas da cabana montanhesa*, Saigyō
95. *Autobiografia de uma pulga*, [Stanislas de Rhodes]
96. *A volta do parafuso*, Henry James
97. *Ode sobre a melancolia e outros poemas*, Keats
98. *Teatro de êxtase*, Pessoa
99. *Carmilla — A vampira de Karnstein*, Sheridan Le Fanu

100. *Pensamento político de Maquiavel*, Fichte
101. *Inferno*, Strindberg
102. *Contos clássicos de vampiro*, Byron, Stoker e outros
103. *O primeiro Hamlet*, Shakespeare
104. *Noites egípcias e outros contos*, Púchkin
105. *A carteira de meu tio*, Macedo
106. *O desertor*, Silva Alvarenga
107. *Jerusalém*, Blake
108. *As bacantes*, Eurípides
109. *Emília Galotti*, Lessing
110. *Contos húngaros*, Kosztolányi, Karinthy, Csáth e Krúdy
111. *A sombra de Innsmouth*, H.P. Lovecraft
112. *Viagem aos Estados Unidos*, Tocqueville
113. *Émile e Sophie ou os solitários*, Rousseau
114. *Manifesto comunista*, Marx e Engels
115. *A fábrica de robôs*, Karel Tchápek
116. *Sobre a filosofia e seu método — Parerga e paralipomena (v. II, t. I)*,
     Schopenhauer
117. *O novo Epicuro: as delícias do sexo*, Edward Sellon
118. *Revolução e liberdade: cartas de 1845 a 1875*, Bakunin
119. *Sobre a liberdade*, Mill
120. *A velha Izerguil e outros contos*, Górki
121. *Pequeno-burgueses*, Górki
122. *Um sussurro nas trevas*, H.P. Lovecraft
123. *Primeiro livro dos Amores*, Ovídio
124. *Educação e sociologia*, Durkheim
125. *Elixir do pajé — poemas de humor, sátira e escatologia*,
     Bernardo Guimarães
126. *A nostálgica e outros contos*, Papadiamántis
127. *Lisístrata*, Aristófanes
128. *A cruzada das crianças/ Vidas imaginárias*, Marcel Schwob
129. *O livro de Monelle*, Marcel Schwob
130. *A última folha e outros contos*, O. Henry
131. *Romanceiro cigano*, Lorca
132. *Sobre o riso e a loucura*, [Hipócrates]
133. *Hino a Afrodite e outros poemas*, Safo de Lesbos
134. *Anarquia pela educação*, Élisée Reclus
135. *Ernestine ou o nascimento do amor*, Stendhal
136. *A cor que caiu do espaço*, H.P. Lovecraft
137. *Odisseia*, Homero
138. *O estranho caso do Dr. Jekyll e Mr. Hyde*, Stevenson